On y va !

Der Französischkurs
Sprachtrainer

Nicole Laudut

Impressum

Coverfoto: Getty Images/Photographer's Choice/Jeremy Walker
Zeichnungen: Bettina Kumpe, Braunschweig
Fotos: S. 5: oben © Nicole Laudut (= NL), unten © panthermedia/Stephan Köhler; S. 6: © (NL); S. 8: © fotolia/Marc Cecchetti; S. 9: © fotolia/christian leynaud; S. 10: © (NL); S. 14: © fotolia/benuch; S. 15: © (NL); S. 18: © iStockphoto/nikitje; S. 19: © fotolia/Konstantin Yolshin; S. 23: © fotolia/Prod. Numérik; S. 24: 1: © fotolia/Karen Struthers, 2 und 3: © (NL), 4: MHV Archiv; S. 25: 5: MHV-Archiv, 6: (NL); S. 26: © fotolia/Heiner Witthake; S. 28: © iStockphoto/VikaValter; S. 29: © digitalstock/Behringer; S. 30: © fotolia/ Oleg Kozlov; S. 32, 35, 36 und 39: © (NL); S. 47: © fotolia/Sandor Jackal; S. 48: © (NL); S. 54: © fotolia/ Piotr Sikora; S. 57, 59 u. 64: © (NL); S. 67: © iStockphoto/AlexRaths; S. 70: © fotolia/El Comandante; S. 75: links © fotolia/Vitalij Geraskin, rechts © fotolia/Jean-marc RICHARD; S. 76: von oben: © panthermedia (2x), © fotolia/photoange777; S. 78: © (NL); S. 81: © fotolia/microimages; S. 83: von oben: © fotolia/Magalice, © fotolia/Conny Hagen; S. 84: © fotolia/Frog974; S. 88 und 92: (NL); S. 95: fotolia/Dani Vincek; S. 96: links: © iStock/elxeneize, rechts: © iStock/thall; S. 98: © fotolia/powerstock

Un grand merci à Julie Hanke pour ses excellents conseils et ses suggestions précieuses !

Der Verlag weist ausdrücklich darauf hin, dass im Text enthaltene externe Links vom Verlag nur bis zum Zeitpunkt der Buchveröffentlichung eingesehen werden konnten. Auf spätere Veränderungen hat der Verlag keinerlei Einfluss. Eine Haftung des Verlags ist daher ausgeschlossen.

Das Werk und seine Teile sind urheberrechtlich geschützt. Jede Verwertung in anderen als den gesetzlich zugelassenen Fällen bedarf deshalb der vorherigen schriftlichen Einwilligung des Verlags.

Eingetragene Warenzeichen oder Marken sind Eigentum des jeweiligen Zeichen- bzw. Markeninhabers, auch dann, wenn diese nicht gekennzeichnet sind. Es ist jedoch zu beachten, dass weder das Vorhandensein noch das Fehlen derartiger Kennzeichnungen die Rechtslage hinsichtlich dieser gewerblichen Schutzrechte berührt.

6.	5.	4.		Die letzten Ziffern
2026	25	24	23 22	bezeichnen Zahl und Jahr des Druckes.

Alle Drucke dieser Auflage können, da unverändert, nebeneinander benutzt werden.
1. Auflage
© 2011 Hueber Verlag GmbH & Co. KG, München, Deutschland
Layout: Lea-Sophie Bischoff, Hueber Verlag GmbH & Co. KG, München
Satz: Sieveking · Agentur für Kommunikation, München
Redaktion: Dr. Elke Haag, Hueber Verlag GmbH & Co. KG, München
Druck und Bindung: Friedrich Pustet GmbH & Co. KG, Regensburg
Printed in Germany
ISBN 978–3–19–063354–8

Liebe Lernerin, lieber Lerner

Willkommen im dritten Band von *On y va !*
Wie auch schon im Sprachtrainer zu *On y va ! A1* und *A2* können Sie in diesem kleinen Übungsbuch die neu gelernten Vokabeln aus *On y va ! B1* auf unterhaltsame und effektive Weise wiederholen und vertiefen.

Der *Sprachtrainer B1* folgt den bewährten Prinzipien:

▸ Der Wortschatz jeder Lektion ist thematisch geordnet und wird in kleinen Lerneinheiten präsentiert.

▸ Die Rubrik *Rappel* bietet Ihnen eine Zusammenfassung der wichtigsten Grammatikregeln. Diese Regeln können Sie meist in einer anschließenden, vertiefenden Übung gleich anwenden.

▸ Aktuelle Informationen über Frankreich und die *Frankophonie* erhalten Sie in der Rubrik *Info*.

▸ Sprachvergleiche sind äußerst hilfreich, um sich fremdsprachliche Strukturen einzuprägen: daran erinnert Sie immer wieder die Rubrik *Anders als im Deutschen* ... **Anders als im Deutschen**

▸ *Ein Schritt weiter* lädt Sie ein, ein wenig über den Horizont des Lehrbuchs hinauszublicken und Ihre Wortschatz- und Grammatikkenntnisse durch neue Elemente zu erweitern.

Jedes Kapitel des *Sprachtrainers* bietet Ihnen zwischen 12 und 16 Übungen. Die Ergebnisse können Sie selbst im Lösungsteil überprüfen. In der letzten Übung haben Sie Gelegenheit, das Gelernte auf Ihre reale Lebenssituation zu übertragen. Die Texte, die Sie hier verfassen, können Sie z.B. gleich in Ihrer Portfoliomappe abheften.

Der *Sprachtrainer* kann individuell genutzt oder im Kurs eingesetzt werden. Klein, praktisch, humorvoll: mit ihm macht Lernen wirklich Spaß! ☺

Dann kann es ja endlich wieder heißen: *On y va !*

Autorin und Redaktion

Inhalt

1. Tour de France — 5
2. Apprendre pour le plaisir — 16
3. Ici, là-bas, ailleurs… — 28
4. Carrefour des générations — 39
5. Du côté des consommateurs — 51
6. Je, tu, il, elle, nous et les autres… — 62
7. L'utile et l'agréable — 73
8. Vous êtes au courant ? — 85
9. L'avenir, c'est aujourd'hui — 95

Lösungen — 107

Leçon 1

Tour de France

1 La France de long en large

de long en large	*hier:* landauf, landab
connaître comme sa poche	wie seine Westentasche kennen
la Corse	Korsika
la Bourgogne	Burgund
les Vosges *fpl*	die Vogesen
le sable	der Sand
la dune	die Düne
le pin	die Kiefer, die Pinie
la neige	der Schnee
la vallée	das Tal
le Gabon	Gabun
l'Afrique *f* du Sud	Südafrika

Ü1 Streichen Sie in jeder Reihe das Wort, das nicht zu den anderen passt. Ersetzen Sie es dann durch eines der folgenden Wörter.

la randonnée   l'océan   le Massif central
le Congo   la Provence

1 la plage – la dune – la vallée – le sable – la vague

2 les Vosges – les Landes – les Pyrénées – les Alpes – le Jura

3 la Corse – la Bourgogne – la Dordogne – le Gabon – l'Alsace

4 la montagne – la neige – la dune – le ski – le chalet

5 le Gabon – le Sénégal – l'Afrique du Sud – la Martinique

| la patrie | das Vaterland |
| la Marseillaise | *die französische Nationalhymne* |

i

L'hymne national à l'école primaire
Die französische Hymne geht – so will es das Gesetz – seit 2005 wieder in die Grundschule: Sie steht als Unterrichtseinheit auf dem Lehrplan, soll mit den Schülern besprochen und natürlich auch gesungen werden. Nicht alle Franzosen sind glücklich darüber, da *La Marseillaise*, 1792, kurz nach der französischen Revolution entstanden, ein ziemlich grausames Kriegslied *(un chant de guerre)* ist.

l'art *m* roman	die romanische Kunst
le rêve	der Traum
la réalité	die Wirklichkeit
fleurir	blühen

Ü2 Finden Sie in der Wortschlange 7 weitere Adjektive, um die Vokabelliste zu vervollständigen. Fügen Sie dann, wie im Beispiel, die feminine Form hinzu.

1 *prétentieux/-se* — überheblich
2 _____ — friedlich
3 _____ — lebendig
4 _____ — kosmopolitisch
5 _____ — gemeinsam
6 _____ — romanisch
7 _____ — beeindruckend
8 _____ — vorhergehend

Leçon 1

| la bouillabaisse | *Fischsuppe aus der Provence* |
| le cassoulet | *Bohneneintopf aus Südfrankreich* |

Ü3 Sind Sie ein Gourmet? Beweisen Sie es, indem Sie die richtigen Antworten ankreuzen.

1. ☐ C'est en Dordogne qu'on mange les meilleures choucroutes.
2. ☐ Le cassoulet, plat à base de haricots blancs, est une spécialité bretonne.
3. ☐ Le rougail tomate est une spécialité de la Réunion.
4. ☐ La bouillabaisse est une soupe de poissons.
5. ☐ Le plat national de l'Espagne, c'est le couscous.
6. Et quelle est la spécialité de votre région ? _____

Rappel

Im *si*-Satz wird die Bedingung genannt, im Hauptsatz die Folge. Steht das Verb im *si*-Satz im Präsens, so ist noch alles möglich.

Ü4 Verbinden Sie die zusammengehörenden Teilsätze und ergänzen Sie selbst den letzten Satz.

1. Si vous êtes amateur/-trice de cinéma français
2. Si vous aimez rire,
3. Si vous êtes francophile,
4. Si vous aimez la poésie,
5. Si vous aimez les grandes plages de sable,
6. Si vous _____ ,

a lisez Victor Hugo.
b vous pourrez aller dans les Landes.
c vous apprécierez Coluche.
d vous aimez la France et les Français.
e vous devez connaître Depardieu.
f _____ .

2 Îles de France

l'île f	die Insel
la Corse	Korsika
formé/e de	gebildet aus
le port	der Hafen
la crique	die kleine Bucht
la falaise	die Steilküste
la rivière	der Fluss
coloré/e	farbig, bunt
pittoresque	malerisch
le dialecte	der Dialekt
la violence	die Gewalt

Rappel

Das Pronomen *dont* steht für eine Ergänzung mit *de*:
l'enfant dont je parle = je **parle d**'un enfant
l'enfant dont je suis fier = je suis **fier de** cet enfant
l'enfant dont je suis la mère = je suis **la mère de** l'enfant

Ü5 Bringen Sie Ordnung in diese Sätze und übersetzen Sie dann das Pronomen *dont*. Worum geht es hier? Tragen Sie die Lösung ein.

1 C'est / est mort / le mari / une femme / dont

   C'est une femme _____ . → une _____

2 sont fiers / les Français / C'est / dont / un poète

   _____ . → Victor _____

3 le petit fils / C'est / je suis / dont / l'homme

   _____ . → mon _____

4 je parle / près de l'Italie / L'île / dont / est située

   _____ . → la _____

5 le pays / est / Bern / dont / la capitale / C'est

   _____ . → la _____

8 | huit

Leçon 1

le/la Mahorais/e	der/die Einwohner/in von Mayotte
l'Indien/ne *m/f*	der/die Inder/in
le/la Noir/e africain/e	der/die Schwarzafrikaner/in
le/la Malgache	der/die Madagasse/-in
le/la Métis/se	der Mischling
ethnique	ethnisch
dominant/e	Haupt-...
musulman/e	muslimisch

la monnaie	die Währung
la faune	die Fauna / Tierwelt
la flore	die Flora / Pflanzenwelt
pousser	wachsen
le lagon	die Lagune
turquoise	türkis
tropical/e	tropisch
sec/sèche	trocken

Ü6 Verbinden Sie die Elemente, die zusammengehören.

1. la maison   a islamique   das Geburtshaus
2. le centre   b d'outre-mer   das Wirtschaftszentrum
3. le droit   c tropical   das islamische Recht
4. le statut   d Indien   der Verwaltungsstatus
5. l'océan *m*   e humide   der Indische Ozean
6. le département   f économique   das Überseedepartement
7. le climat   g administratif   das tropische Klima
8. la saison   h natale   die feuchte Jahreszeit

projeter	planen, vorhaben
cohabiter	nebeneinander existieren
être entouré/e de	umgeben sein von

le secteur	der Sektor / Bereich
l'aquaculture *f*	die Aquakultur
l'agriculture *f*	die Landwirtschaft
la vanille	die Vanilleschote
se développer	sich entwickeln
le moustique	der Moskito
la piqûre	*hier:* der Stich
transmettre	übertragen

Anders als im Deutschen

Une trentaine de petites îles = circa dreißig kleine Inseln
Trentaine *(trente +-aine)* ist eine Sammelzahl. Sie wird verwendet, um eine ungefähre Anzahl oder Menge anzugeben. Eine Sammelzahl kann man nur von den Zahlen 10, 20, 30, 40, 50, 60 (den „einfachen" Zehnern) und der Zahl 100 ableiten: *une quatre-vingtaine* ist also z. B. nicht möglich.
Eine Ausnahme ist die Mengenangabe *une douzaine* (ein Dutzend). Wenn Sie beim Einkaufen *une douzaine d'œufs* verlangen (Eier werden in Frankreich im Zwölfer- nicht im Zehnerpack verkauft), sollten Sie also <u>genau</u> 12 Eier bekommen. ☺

Ü7 Sagen Sie dasselbe mit einer Sammelzahl. Bei einem Satz ist das nicht möglich, verwenden Sie dann « environ », um ihn zu verändern.

vingtaine   dizaine   ~~quarantaine~~   centaine   douzaine

1 Il a 40 ans environ. → Il a *une quarantaine d'années* .

2 Cela nous a coûté environ 100 euros.
  → Cela nous a coûté une _____.

3 Ils habitent à environ 20 km de Paris.
  → Ils habitent à _____.

4 Il y avait à peu près 90 personnes à la soirée.
  → Il y avait _____.

5 Ils sont restés dix jours environ.
  → Ils sont restés _____.

6 Je voudrais douze huîtres, s'il vous plaît.
  → Je voudrais _____.

Leçon 1

3 Les Allemands
sont-ils encore francophiles ?

francophile — frankophil

 **Ein Schritt weiter**

Dass der *francophile* Frankreich und die Franzosen liebt, verrät uns die Endsilbe *-phile* (von griechisch: *philos* = liebend). Angst oder Hass drücken Sie mit ihrem Gegenteil, der Endsilbe *-phobe* aus, die Sie aus dem Wort Phobie (= Angst, Abneigung) bestimmt kennen.

Ü8 Was diese Personen lieben oder nicht, ist in den folgenden Sätzen etwas durcheinandergeraten. Verbessern Sie die Fehler.

1 Le bibliophile est un grand amateur de cinéma. _____
2 Le cinéphile adore les Anglais. _____
3 Le xénophobe n'aime pas les livres. _____
4 L'anglophile aime les espaces fermés. _____
5 Le claustrophobe déteste la lumière. _____
6 Une personne photophobe craint les étrangers. _____

l'art *m* de vivre	die Lebenskunst
l'élégance *f*	die Eleganz
exprimer	ausdrücken
nuancer	nuancieren
l'accord *m*	das Einverständnis
le désaccord	die Missbilligung

le poète/la poétesse	der/die Dichter/in
la qualité	*hier:* die gute Eigenschaft
le défaut	der Fehler
entièrement	ganz, völlig

Ü9 Jeweils zwei Sätze haben die gleiche Bedeutung. Markieren Sie sie.

1 a Je suis entièrement de ton avis.
  b Tu as raison.
  c Moi, je trouve ça plutôt sympa.

2 a C'est vrai, mais si on réfléchit un peu...
  b C'est tout à fait exact...
  c Bien sûr, mais d'un autre côté...

3 a Jamais de la vie.
  b Tout à fait.
  c Je ne suis pas du tout d'accord.

4 a Ce n'est pas vrai.
  b C'est faux.
  c Ça dépend.

Langues régionales

polyglotte	polyglott, mehrsprachig
le breton	Bretonisch *(Sprache)*
le corse	Korsisch *(Sprache)*
le catalan	Katalanisch *(Sprache)*
l'occitan *m*	Okzitanisch *(Sprache)*
l'alsacien *m*	Elsässisch *(Sprache)*
le basque	Baskisch *(Sprache)*
l'Irlande *f*	Irland
la Constitution	die Verfassung
la Charte européenne	die europäische Charta
la langue minoritaire	die Minderheitensprache
la langue régionale	die Regionalsprache
refuser	ablehnen
signer	unterschreiben
facultatif/-ve	fakultativ
nulle part	nirgendwo
promouvoir	fördern

Leçon 1

Ü10 Sagen Sie das Gegenteil mit einem Wort aus der Liste, S. 12. Setzen Sie es dazu in die passende Form.

1 Il a accepté de signer. → Il _____ de signer.
2 Cette matière est obligatoire. → Cette matière est _____.
3 Il ne parle aucune langue étrangère. → Il est _____.
4 Ça se trouve partout. → Ça ne se trouve _____.

@ Visite d'entreprise

Ü11 Verwenden Sie die folgenden Wörter, um die Vokabelliste zu vervollständigen.

l'effectif *m*   ~~la création~~   le/la fondateur/-trice   la fabrication

le local/les locaux   le stockage   la dégustation   alimentaire

la création	die Gründung
_____	der/die Gründer/in
_____	die Belegschaft
_____	Ernährungs-...
le conservateur	das Konservierungsmittel
_____	die Herstellung
_____	die Räumlichkeit/en
le dortoir	der Schlafsaal
l'infirmerie *f*	die Krankenstation
décloisonner	Trennwände entfernen
_____	die Lagerung
_____	die Kostprobe
la cuisson ← cuire	das Kochen ← kochen

treize | 13

| la colonie de vacances | das Ferienlager |

Les jolies colonies de vacances / Merci maman, merci papa
Tous les ans, je voudrais que ça r'commence / Youkaïdi aïdi aïda ...
So hat es Pierre Perret 1966 gesungen und so ist es (hoffentlich) auch immer noch, wenn in Frankreich jedes Jahr mehrere hunderttausend Kinder (vor allem 4 bis 12-Jährige) in den Sommerferien in eine *colonie de vacances* fahren. Immer mit dabei: neue und alte Freunde, Natur, Kissenschlachten und andere Raufereien, genauso viele Versöhnungen, Heimweh, eine Menge Lieder (einige davon sehr albern ...) und allerlei Aktivitäten. Mittlerweile gibt es *colonies de vacances* für jeden Geschmack: für kleine Fischer, Bergsteiger, Theaterschauspieler, Künstler usw. Der große Vorteil: *colonies de vacances* geben Kindern aller sozialen Schichten die Möglichkeit in Ferien zu fahren – und den Eltern die Möglichkeit, sich in dieser Zeit nicht um eine Ferienbetreuung kümmern zu müssen.

perpétuer	*hier:* weitergeben
faire place à	weichen
inclus/e	inbegriffen
afin de	um … zu
selon	nach, je nach
uniquement	ausschließlich

Ü12 Verbinden Sie die Elemente, die zusammenpassen.

1	le lieu	a	complet		der Standort
2	la chambre	b	des métiers		die Handwerkskammer
3	la page	c	de rénovation		die Webseite, die Homepage
4	le jour	d	de vacances		der Ruhetag
5	la mise	e	d'accueil		die Anpassung an die Norm
6	la colonie	f	d'implantation		das Ferienlager
7	les travaux	g	aux normes		die Renovierungsarbeiten
8	à temps	h	de repos		ganztags

Leçon **1**

Ü13 In dieser Übung lernen Sie eine weitere Region Frankreichs kennen.
a Unterstreichen Sie im Text die Stellen, die auf folgende Fragen antworten. Zwei Fragen bleiben unbeantwortet. Welche?

1. Où se trouve l'Auvergne ?
2. Combien de départements forment cette région ?
3. Quelle est la caractéristique paysagère de l'Auvergne ?
4. Quels touristes attire l'Auvergne ?
5. Quelles rivières traversent l'Auvergne ?
6. Qui était Vercingétorix ?
7. Quelles sont les langues régionales de l'Auvergne ?

L'Auvergne est située dans le Massif central, montagne qui se trouve au centre de la France. Sa capitale, Clermont-Ferrand, est aussi le siège de la célèbre entreprise Michelin. Surnommée *le château d'eau de la France*, l'Auvergne est composée de quatre départements (l'Allier, le Cantal, la Haute-Loire et le Puy de Dôme).
La région est appréciée pour ses paysages variés : rivières, vallées profondes, volcans, grandes plaines, lacs naturels. En Auvergne, il y a plus de 200 volcans qui ne sont plus actifs, heureusement.
Autres avantages de la région : *Vulcania*, grand parc de loisirs sur le volcanisme, deux parcs naturels, des centaines d'églises romanes, de nombreux châteaux, des stations thermales dont les plus célèbres sont Vichy et la Bourboule.
L'Auvergne est une région que les touristes amateurs de vacances sportives ou thermales apprécient beaucoup. C'est aussi la patrie de Vercingétorix, célèbre chef gaulois, premier grand héros national de l'Histoire de France. Vercingétorix, dont Astérix est un peu le double humoristique, a dû capituler devant César car à cette époque la potion magique n'existait pas encore…

b Kreisen Sie alle Relativpronomen ein. Wie viele finden Sie insgesamt?

Ü14 Sie möchten für Ihre Region werben. Vervollständigen Sie die folgenden Sätze.

1. Si vous aimez la nature… _____
2. Vous êtes sportif/-ve ? Alors… _____
3. Pour passer une après-midi en famille, … _____
4. Et pour les amateurs de culture, nous proposons… _____
5. Un des héros de ma région… _____

Apprendre pour le plaisir

1 Qu'est-ce qu'on peut apprendre ?

l'apprentissage *m*	das Lernen

apprendre + substantif

la poterie	das Töpfern
le vélo d'acrobatie	das Einrad
la calligraphie	die Kalligraphie
la patience	die Geduld
le tricot	das Stricken

apprendre + verbe

à
repasser	bügeln
piloter un hélicoptère	einen Hubschrauber steuern
se taire	schweigen
s'affirmer	sich behaupten

Il a appris le repassage.

 Ü1 Ergänzen Sie die Wendungen der Vokabelliste mit folgenden Wörtern.

coupable   de mode   dans l'air du temps   l'équilibre   la peine   en pratique

1	être _____	zeitgemäß sein
2	valoir _____	sich lohnen
3	mettre _____	in die Praxis umsetzen
4	passé/e _____	aus der Mode gekommen
5	se sentir _____	sich schuldig fühlen
6	garder _____	das Gleichgewicht halten

Leçon 2

indispensable	unbedingt notwendig
le sens de l'équilibre	der Gleichgewichtssinn
la couverture	die Decke
le manque de	das Fehlen an
la timidité	die Schüchternheit
le truc	*hier:* der Tipp
immédiatement	sofort
décider	entscheiden
culpabiliser	sich schuldig fühlen
s'affirmer	sich behaupten
tomber sur quelque chose / quelqu'un	zufällig auf etwas / jemanden stoßen

 **Ein Schritt weiter**

Das Verb *tomber* (fallen) taucht in vielen französischen Wendungen auf. Auch wenn es im Deutschen unterschiedlich wiedergegeben wird, kennzeichnet es meist ein plötzlich und unerwartet eintretendes Ereignis.

Ü2 Durch welche der folgenden Verben oder Wendungen können Sie den Ausdruck mit *tomber* ersetzen?

être déçu   ne plus marcher   être en mauvaise santé   rencontrer

perdre connaissance   aimer   arriver au bon moment

1 Ma télé est tombée en panne hier soir. = _____
2 Tu vas tomber malade, si tu continues. = _____
   _____
3 Il est tombé amoureux de sa nouvelle collègue. = _____
4 Quand j'ai appris la nouvelle, je suis tombé de haut. = _____
5 Tu tombes à pic, justement j'ai besoin d'aide. = _____
   _____
6 Je suis tombé sur mes anciens voisins en sortant. = _____
7 Elle tombe facilement dans les pommes. = _____
   _____

dix-sept | 17

Neutral oder hervorgehoben?
Mit *c'est... qui* heben Sie das Subjekt hervor, mit *c'est... que* ein anderes Element:
C'est moi qui fais tout ici ! **Ich** mache hier alles.
C'est toi que j'aime. **Dich** liebe ich.
C'est dans cette ville que je suis né. **In dieser Stadt** bin ich geboren.

Ü3 Vervollständigen Sie die Tabelle mit der jeweils fehlenden Variante. Das hervorzuhebende Element ist unterstrichen.

neutrale Formulierung	Hervorhebung
1 J'ai adoré <u>ce film</u>.	C'est un film que j'ai adoré.
2 Nous partons <u>demain</u> en vacances.	.
3 <u>Notre fils</u> s'occupe du jardin.	.
4 Il habite <u>en Provence</u> maintenant.	.
5 _____ .	C'est une couleur qui va avec tout.
6 <u>Vous</u> avez téléphoné ce matin ?	.

2 Troc de *compétences*

le troc de compétences	hier: Tausch von Dienstleistungen
en échange	als Gegenleistung
se mettre à	anfangen mit
se remettre à	wieder anfangen mit
l'électricité f	hier: die Strominstallation
l'as m	das Ass
la clarinette	die Klarinette
le courage	der Mut
le service	hier: die Dienstleistung
la coupe	hier: der Haarschnitt
la paire	das Paar
le volet	der Fensterladen
accorder	stimmen *(Instrument)*
la nounou	die Tagesmutter
l'initiation f	die Einführung

des volets bleus

Leçon 2

Ü4 Finden Sie im „Silbensalat" jeweils das Verb derselben Wortfamilie und notieren Sie es.

CO – ~~COU~~ – COU – CRI – ~~DRE~~ – DRE – DRE – É – ER – I – IN – INS – LER – LO – NER – NI – PAS – PEIN – PER – PREN – RE – RE – RER – SER – SUR – STAL – TI – TON

1	la couture	← *coudre*	das Nähen ← nähen
2	l'inscription f	← s'_____	die Anmeldung ← sich anmelden
3	la surprise	← _____	die Überraschung ← überraschen
4	l'étonnement m	← _____	das Staunen ← erstaunen
5	la coloration	← _____	die Tönung ← tönen / färben
6	le repassage	← _____	das Bügeln ← bügeln
7	l'installation f	← _____	das Montieren ← montieren
8	la peinture	← _____	das Malen ← malen
9	l'initiation f	← _____	die Einführung ← einführen
10	la coupe	← _____	der Schnitt ← schneiden

 **Ein Schritt weiter**

Propre = Ist das jetzt **sauber** oder **gehört es mir**?
Einige Adjektive ändern ihre Bedeutung je nachdem, ob sie vor oder nach dem Substantiv stehen. Die Faustregel lautet: Hinter dem Substantiv hat das Adjektiv seine eigentliche Bedeutung: *un jean propre* = eine saubere Jeans, vor dem Substantiv hat es oft übertragene Bedeutung: *mon propre jean* = meine eigene Jeans.

Ü5 Diese Adjektive können alle sowohl vor als auch hinter einem Substantiv stehen. Markieren Sie jeweils die richtige Bedeutung des Adjektivs.

1 un homme triste	☐ traurig	☐ schlimm
2 un pauvre homme	☐ arm	☐ bedauernswert
3 un grand homme	☐ groß	☐ bedeutend
4 un curieux voisin	☐ neugierig	☐ merkwürdig
5 une histoire drôle	☐ lustig	☐ merkwürdig
6 un ancien ministre	☐ alt	☐ ehemalig

Si j'étais plus jeune...   Wenn ich jünger wäre ...

*Si j'étais toi,
je prendrais un taxi.*

Rappel

> Irreale Bedingungssätze geben etwas an, das vermutlich nicht eintritt (*Si j'étais toi...* / Wenn ich du wäre ...). Achtung: im Französischen steht im *si*-Satz *Imparfait*. Das Konditional steht nur im Hauptsatz (... *je prendrais un taxi.* / ... dann würde ich ein Taxi nehmen.)

Ü6 Was wäre, wenn ...? Machen Sie aus realen Bedingungssätzen irreale.

1 Si tu fais du sport, tu n'auras plus mal au dos.

→ *Si tu faisais du sport, tu n'aurais plus mal au dos* .

2 Si cela ne va pas mieux demain, Anne n'ira pas travailler.

→ Si cela _____ .

3 Tu me préviens si tu changes d'avis ?

→ _____ ?

4 Si nous déménageons, tu pourras prendre notre appartement.

→ _____ .

Quelle drôle d'idée !	Was für eine merkwürdige Idee!
Sans blague ?	Im Ernst?
T'es pas sérieux/-se !	Das ist nicht dein Ernst!
étonnant/e	erstaunlich, verwunderlich
J'ai du mal à y croire.	Ich kann es kaum glauben.
manifester	ausdrücken, zeigen

Ü7 Was ist hier gemeint? Markieren Sie die richtige Lösung.

1 Quelle drôle d'idée !   a **l'étonnement**   b la confiance
2 Pas du tout.   a l'accord   b le désaccord
3 Si c'était à refaire...   a une hypothèse   b une réalité
4 T'es pas sérieux.   a la surprise   b la culpabilité
5 Si tu es d'accord...   a l'accord   b une condition
6 Sans blague !   a la surprise   b une excuse

Leçon 2

3 Apprentissage *original*

définir	definieren
la capacité	die Fähigkeit
la prédisposition	die Veranlagung
anxieux/-se	ängstlich
l'effort *m*	die Bemühung
la confiance en soi	das Selbstvertrauen
affaire à suivre	eine Sache, die es weiter zu verfolgen gilt
se prendre au sérieux	sich ernst nehmen
relativiser	relativieren
la critique	die Kritik
se débarasser de qc	etw. loswerden
la matière scolaire	das Schulfach
scolaire	Schul-..., schulisch

Anders als im Deutschen

Wörter einer Familie sind im Französischen nicht immer leicht zu erkennen, z. B. sind *école* (Schule) und *scolaire* (schulisch) verwandt, ohne dass auf den ersten Blick eine Ähnlichkeit vorhanden zu sein scheint. In der folgenden Übung auf der nächsten Seite können Sie einige Familienmitglieder entdecken, deren Verwandtschaft gar nicht auffällt ☺.

GROUPE SCOLAIRE ALBA
ECOLE MATERNELLE
ECOLE ELEMENTAIRE

vingt et un

Ü8 Ergänzen Sie die Wendungen mit dem jeweils passenden Wort, wie im Beispiel.

maternel/le   scolaire   solitaire   natation

estivales   aquatique   mensuel/le   balnéaire

1 aller à l'**école**   une année *scolaire*_____   ein Schuljahr
2 un sport sur l'**eau**   un sport _____   eine Wassersportart
3 un **été** chaud   des températures _____   Sommertemperaturen
4 prendre un **bain**   une station _____   ein Badeort
5 une personne **seule**   une vie _____   ein einsames Leben
6 une fois par **mois**   une revue _____   eine Monatszeitschrift
7 **nager** sur le dos   un bassin de _____   ein Schwimmbecken
8 la **mère** de famille   l'école _____   die Vorschule

le sentiment	das Gefühl
fixer	bestimmen
avoir les moyens de	es sich leisten können

Ü9 Ergänzen Sie die Tabelle und fügen Sie die deutsche Übersetzung hinzu.

la confiance   l'amour   la haine   le plaisir

l'insatisfaction   la joie   la colère

Sentiments positifs ☺   **Sentiments négatifs** ☹

1 *l'amour*   die Liebe   1 _____   der Hass
2 _____   der Spass   2 l'envie f _____
3 la satisfaction _____   3 _____   die Unzufriedenheit
4 _____   das Vertrauen   4 _____   der Zorn
5 _____   die Freude   5 la frustration _____

Leçon 2

Rentrée des classes

C'est la rentrée : Tout le monde au travail !
Rentrée scolaire, politique, parlementaire, littéraire... Der Begriff *rentrée* (Rückkehr / Wiederbeginn) ist in Frankreich für fast alles gut! ... *(se met à toutes les sauces)*. Neben der *rentrée scolaire*, also dem Zeitpunkt, an dem sich die Kinder nach den langen Sommerferien wieder (mehr oder weniger begeistert) auf den Schulweg machen, spricht man z. B. auch von der *rentrée littéraire* (wenn jedes Jahr im September viele neue Bücher erscheinen) oder sogar der *rentrée sociale* (wenn die Arbeitnehmer wieder zu streiken beginnen ...☺). *La rentrée* ist in Frankreich jedes Jahr DAS Thema in den Medien. Ein guter Einfall, um die lange Zeit bis Weihnachten ein wenig zu verkürzen ...

l'école *f* maternelle		die Vorschule
	la petite section	die erste Klasse Vorschule
	la moyenne section	die zweite Klasse Vorschule
	la grande section	die dritte Klasse Vorschule
l'école *f* primaire		die Grundschule
	le CP (cours préparatoire)	die erste Klasse (Grundschule)
	le CE1 (cours élémentaire 1)	die zweite Klasse (Grundschule)
	le CE2 (cours élémentaire 2)	die dritte Klasse (Grundschule)
	le CM1 (cours moyen 1)	die vierte Klasse (Grundschule)
	le CM2 (cours moyen 2)	die fünfte Klasse (Grundschule)
le collège		
	la sixième	die sechste Klasse
	la cinquième	die siebte Klasse
	la quatrième	die achte Klasse
	la troisième	die neunte Klasse
	le Brevet des collèges	*etwa:* der Realschulabschluss
le lycée		
	la seconde	die zehnte Klasse
	la première	die elfte Klasse
	la terminale	die zwölfte Klasse / Abiturklasse
	le baccalauréat / le bac	das Abitur

| repérer | *hier:* herausfinden |
| être obligatoire | obligatorisch / Pflicht sein |

Ü10 Quelle école pour qui ? Welche Schulen können diese Personen besuchen? Ordnen Sie sie – wenn nötig mit dem passenden Artikel – den Bildern zu.

école maternelle   école primaire   collège   lycée
université   université populaire

Élise, 23 ans
a son bac depuis 3 ans.
Elle fait des études de
médecine à _____
de Bordeaux.

Mattéo, 5 ans
va à l'école depuis
2 ans. Il va à
_____, il est
en moyenne section.

Élodie, 15 ans
est en troisième. Elle
passe le brevet dans un
mois. C'est sa dernière
année de _____.

Léa, 18 ans
est en terminale,
elle passe le bac à la fin
de l'année : elle va
_____.

Leçon 2

Yves, 57 ans
suit depuis un an
cours de conversation
à _____
_____ .

Cyril, 10 ans
va à _____
L'année prochaine, il
changera d'école.

 Préparation à l'entretien d'embauche

l'entretien *m* d'embauche	das Bewerbungsgespräch
le poste	die Arbeitsstelle
postuler	sich bewerben
contacter	kontaktieren
se préparer	sich vorbereiten
réussir	erfolgreich sein
le point fort ≠ le point faible	die Stärke ≠ der Schwachpunkt
avoir le sens du contact	kontaktfreudig sein
avoir l'esprit *m* d'initiative	*etwa:* gerne die Initiative ergreifen
la curiosité	die Neugierde
être mobile	mobil / örtlich fexibel sein
le projet	*hier:* der Plan
à long terme	langfristig
le télétravail	die Telearbeit
le travail d'équipe	die Teamarbeit
prochainement	demnächst
couramment	fließend
régulièrement	regelmäßig

vingt-cinq | 25

Ü11 Welchen Beruf würden Sie für welche Eigenschaft empfehlen? Kreuzen Sie an und beantworten Sie die letzten beiden Fragen für sich selbst.

1. Vous avez le sens du contact ? Devenez
   ☐ comptable.   ☐ DRH.
2. Vous parlez couramment l'anglais ? Un métier pour vous :
   ☐ traducteur.   ☐ coiffeur.
3. Vous avez l'esprit d'initiative ? Vous ferez un bon
   ☐ fonctionnaire.   ☐ architecte.
4. Excellent organisateur, postulez pour un emploi de   ☐ chef de service.   ☐ pilote d'hélicoptère.
5. Vous savez écouter les autres ? C'est une qualité essentielle pour un
   ☐ psychologue.   ☐ acteur.
6. Et vous ? Quels sont vos points forts? Vos points faibles ?

Mes points forts : Je _____

_____

Mes points faibles : Je _____

_____

Ü12 Lesen Sie den Text auf der nächsten Seite und beantworten Sie die Fragen in Stichpunkten.

1. D'où vient l'idée des troc-party ? _____
2. Quelle est la différence avec un *vide-grenier*[1] ? _____

_____

3. Où peut-on organiser une troc-party ? _____

_____

4. Peut-on tout proposer dans une troc-party ? _____

_____

5. Comment caractériser l'ambiance d'une troc-party ? _____

_____

[1] Garagenverkauf / privater Flohmarkt

Leçon 2

Les troc-party sont dans l'air du temps

Plus conviviale que le troc sur Internet, la troc-party (importée des Etats-Unis) connaît un grand succès en France. Le principe est très simple : on se rencontre pour échanger.

Il ne s'agit cependant pas d'un vide-grenier : dans une troc-party, vous ne pouvez ni vendre ni acheter, vous pouvez seulement échanger un objet contre un autre. Vous ne videz pas vos placards ou vos armoires, vous en changez seulement le contenu.

Qu'est-ce qu'on y échange ? Le plus souvent des vêtements, des accessoires, des livres, des CD, des DVD, des bijoux, des jouets, des appareils électriques et aussi des compétences.

Où peut-on organiser une troc-party ? Partout : dans sa maison, dans son quartier, dans un café, dans un jardin public. À Paris par exemple, le Bric-à-Brac (café-restaurant de la rue Oberkampf) propose une fois par mois la formule d'apéro-troc. Les avantages d'une troc-party sont nombreux : vous ne jetez plus, vous économisez, vous vous débarrassez d'objets dont vous ne vous servez plus et… vous rencontrez des gens.

Deux règles que vous devez suivre absolument si vous organisez une troc-party :
→ ne proposez pas des objets trop vieux, trop usés[1] dont personne ne voudra
→ soyez de bonne humeur. Une troc-party, c'est aussi un troc de bonne humeur.

[1] abgenutzt

Ü13 Sie möchten eine *troc-party* organisieren. Wann und wo soll sie stattfinden und was möchten Sie anbieten? Schreiben Sie eine Rundmail an einige Freunde und Bekannte.

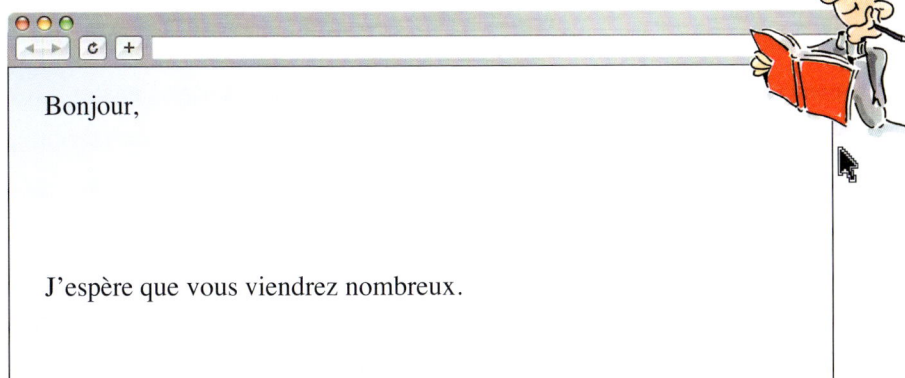

Bonjour,

J'espère que vous viendrez nombreux.

Ici, là-bas, ailleurs…

1 Ville ou campagne ?

le va-et-vient	das Kommen und Gehen
klaxonner	hupen
supportable	erträglich
déprimant/e	deprimierend
la dose → à petite dose	die Dosis → in kleinen Dosen

i

Es leben, ach, zwei Frankreichs im Kopf jedes Franzosen! Frankreich Nr. 1 ist Paris (dort lebt immerhin ein Fünftel aller Franzosen), Nr. 2 die *province*: also der ganze Rest. Fragt man die Einwohner von Paris, ist Nr.1 voll Leben, modern, politisches, wirtschaftliches und kulturelles Zentrum – und natürlich überhaupt die wichtigste Stadt der Welt! … ☺
Nr. 2 dagegen ist verschlafen, langweilig (eben provinziell) und vor allem ganz weit ab vom Schuss: « *Paris ist eigentlich Frankreich. Dieses ist nur die umliegende Gegend von Paris.* »
Das behauptete schon Heinrich Heine, der Mitte des 19. Jahrhunderts lange in Paris lebte. Fragt man allerdings einen Provinzler *(un provincial)*, sieht das gleich ganz anders aus: Da ist dann das Leben in Paris hektisch, ungesund und stressig, während das Leben in der *province* das wahre Leben ist: entspannt, angenehm und genussvoll.

Ü1 Was passt zusammen? Verbinden Sie.

1	une entraide	a	oisive	warmherzige Unterstützung
2	un commérage	b	bourgeois	ständiges Gerede
3	une baie	c	chaleureuse	ein großes Fenster
4	un immeuble	d	à la mode	ein bürgerliches Wohnhaus
5	un endroit	e	perpétuel	ein Ort, der „in" ist
6	une ferme	f	déserte	ein renovierter Bauernhof
7	une heure	g	vitrée	eine Mußestunde
8	une rue	h	rénovée	eine menschenleere Straße

Leçon 3

lentement	langsam
certainement	sicherlich
tellement	so viel
tranquillement	ruhig, in aller Ruhe
nettement	deutlich
actuellement	zurzeit
régulièrement	regelmäßig
relativement	ziemlich
constant/e → constamment	konstant, dauernd, ständig
apparent/e → apparemment	offensichtlich, anscheinend
patient/e → patiemment	geduldig

Rappel

Adverbien auf *-ment*
Die Endung *-ment* wird an die feminine Form des Adjektivs angehängt:
lent (m) → lente (f) → lentement.
Ausnahmen:
Adjektive auf *-ant* bilden das Adverb auf *-amment: constant → constamment*.
Adjektive auf *-ent* bilden das Adverb auf *-emment: patient → patiemment*.

Ü2 Bilden Sie aus den Adjektiven im Kasten Adverbien und ersetzen Sie damit die unterstrichenen Satzteile.

> difficile – constant – régulier – actuel –
> dangereux – apparent

1. Il fait du sport <u>deux fois par semaine</u>. → Il va _____ à la piscine.
2. Il se plaint <u>sans arrêt</u>. → Il se plaint _____.
3. Il ne travaille pas <u>en ce moment</u>. → Il est _____ sans travail.
4. Elle prend <u>des risques</u>. → Elle vit _____.
5. Elle a des <u>problèmes pour marcher</u>. → Elle marche _____.
6. Il <u>semble</u> content de ses vacances. _____, il a passé de bonnes vacances.

vingt-neuf | 29

la pollution	die Umweltverschmutzung
à tout prix	unbedingt, um jeden Preis
à l'aide de	mithilfe von
le rat	die Ratte
le champ	das Feld
le caméléon	das Chamäleon
le/la modéré/e	der/die Gemäßigte
accommodant/e	umgänglich

Ü3 Finden Sie im Kasten zu jeder Wendung eine weitere, die entweder die gleiche (=) oder die gegensätzliche (≠) Bedeutung hat, und geben Sie durch das Zeichen = oder ≠ an, was zutrifft.

> enlever – se sentir bien – ~~faire une promenade~~ – rester enfermé –
> être difficile – être satisfait – ne pas interdire – en grande quantité –
> faire des courses – s'énerver

1	se balader *(fam)*	=	*faire une promenade*	spazieren gehen
2	permettre			ermöglichen
3	additionner			addieren
4	se plaindre			sich beschweren
5	prendre l'air			frische Luft schnappen
6	être à l'aise			sich wohlfühlen
7	être accommodant			umgänglich sein
8	rester cool			cool bleiben
9	à petite dose			in kleinen Mengen
10	faire du shopping			einkaufen

Leçon **3**

l'aventurier/-ière *m/f*	Abenteurer/in
le/la pantouflard/e	Stubenhocker/in

 **Ein Schritt weiter**

Mit der Endung *-ard* können neue Substantive *(la route → le routard)* gebildet werden. *Le routard* kennzeichnet z.B. eine Person, die gerne, aber mit wenig Geld unterwegs ist *(qui aime être sur les routes)*.

Ü4 Hier wurden die Wörter auf *-ard* vertauscht. Finden Sie die passende Bezeichnung für die Definitionen.

pantouflard   banlieusard   ~~montagnard~~   soixante-huitard

vieillard   motard   routard

1 Le ~~routard~~ habite dans la montagne. → *le montagnard*
2 Le banlieusard a fait une révolution au mois de mai. → le _____
3 Un vieillard voyage mais n'a pas beaucoup d'argent. → le _____
4 Ce motard aime son calme et ses petites habitudes. → le _____
5 Un montagnard est plus vieux qu'une personne âgée. → le _____
6 Un pantouflard est une personne qui roule à moto. → le _____
7 Le soixante-huitard n'habite pas en centre ville. → le _____

2 *Envie d'autre chose ?*

l'agriculteur/-trice *m/f*	der/die Landwirt/in
s'entasser	sich zusammendrängen
avoir la folie de	verrückt sein nach
s'envoyer en l'air	*etwa:* „in den siebten Himmel" fliegen

l'espace *m*	der Weltraum
la colline	der Hügel
la raison	die Vernunft
l'âme *f*	die Seele
pauvre	arm

Ü5 Welches Wort aus der vorausgehenden Liste passt zu den folgenden Wörtern?

1 le corps → l' _____
2 la folie → la _____
3 le paysan → l' _____
4 le poisson → la _____
5 la montagne → la _____
6 riche → _____
7 exactement → _____
8 la planète → l' _____

prendre un bol d'air	etwas frische Luft schnappen

Der Franzose und sein *bol*
Wie Sie wissen benutzen Franzosen für ihren Frühstückskaffee keine Tasse sondern einen *bol*. Ein *bol* ist eine kleine Schale, so ähnlich wie ein Müslischälchen (nur etwas tiefer) und somit ideal für einen großen, heißen *café au lait* … Und noch idealer, um darin auch noch sein duftendes Croissant einzutunken. Hmm! …
Fast genauso wach und munter macht übrigens ein *bol d'air* (ein wenig frische Luft), die Franzosen gerne mal am Wochenende am Meer *(au bord de la mer)* oder im Gebirge *(à la montagne)* schnappen.

# Leçon 3

3 Français à l'étranger

s'expatrier	auswandern
l'expatrié/e *m/f*	der/die Auswanderer/-in
hésiter	zögern
rêver de	träumen von
s'imaginer	sich vorstellen
la vision	die Sichtweise, der Blick
angoisser	in Angst versetzen
le souci	die Sorge
se sentir	sich fühlen
intégré/e	integriert
le besoin vital	das lebensnotwendige Bedürfnis
manquer	fehlen
au départ = au début	am Anfang

Ü6 Kreuzen Sie jeweils den Satz mit gleicher Bedeutung an.

1 Ils se sentent bien ici.
 a Ils s'entendent bien.
 b Ils sont contents d'être là.

2 Il s'est expatrié.
 a Il vit et travaille à l'étranger.
 b Il s'est installé en province.

3 Ses parents lui manquent.
 a Il aimerait voir ses parents plus souvent.
 b Ses parents ne sont pas corrects avec lui.

4 Il angoisse pour un rien.
 a Tout lui fait peur.
 b Il s'énerve facilement.

5 Il s'est complètement intégré.
 a Il a compris très vite.
 b Il fait partie du groupe.

6 C'est un besoin vital pour lui.
 a Ce n'est pas vraiment important pour lui.
 b Il ne peut pas vivre sans.

7 Il s'imagine qu'il est trop gros.
 a Il est trop gros, c'est sûr.
 b Il croit qu'il est trop gros.

8 J'ai du mal à courir.
 a J'ai des difficultés.
 b J'ai couru et je me suis fait mal.

passer le bac	Abi machen
l'erreur f	der Fehler / Irrtum
différent/e	anders
enrichissant/e	bereichernd
à vrai dire	eigentlich
tant de	so viel/e
la Norvège	Norwegen
l'Inde f	Indien

Rappel

Demonstrativpronomen
(hinweisende Fürwörter)

	mask	fem
Sing.	celui(-ci/-là)	celle(-ci/-là)
Pl.	ceux(-ci/-là)	celles(-ci/-là)

Ü7 *Celui, celle, ceux* oder *celles*?

a Markieren Sie die richtige Form.

1 Ce livre n'est pas intéressant, lis plutôt (celui-ci / ceux-ci).

2 Ces bottes sont trop petites, montrez-moi (celle-ci / celles-ci), s'il vous plaît.

3 Prenez plutôt ces ciseaux, (celui-ci / ceux-ci) coupent mal.

4 Cette bière est forte, je préfère (celui-ci / celle-ci).

5 De tous ces hôtels, (celui-ci / ceux-ci) est le moins cher.

6 Cette veste est trop grande, mais (celui-ci / celle-ci) est trop petite.

b Bilden Sie sinnvolle Sätze, indem Sie die passenden Satzteile mit dem Demonstrativpronomen verbinden.

1 Ce livre, c'est   celui   a de la cave.
2 Cette chambre, c'est   celle   b dont je t'ai parlé hier.
3 Un grand merci à   ceux   c du professeur.
4 Ma fille, c'est   celles   d des enfants
5 Ces clés, ce sont   e qui ont aidé à organiser cette soirée.
6 Ce film, c'est   f qui est en bas à gauche, sur la photo.

Leçon 3

La Dordogne, province anglaise

bouger	in Bewegung sein
ne pas avoir la vie facile	es nicht leicht haben
outre Manche	jenseits des Ärmelkanals
britannique	britisch
faire la navette	pendeln
détrôner	verdrängen, vom Thron stoßen
la finance	die Finanzwelt
affecter	*hier:* sich negativ auswirken
comparable	vergleichbar

Ü8 Welches Wort passt? Ergänzen Sie die Vokabelliste.

de la livre   secondaire   de vie   d'achat   d'emplois

1 le pouvoir _____ die Kaufkraft
2 le niveau _____ der Lebensstandard
3 la suppression _____ der Stellenabbau
4 la chute _____ der Sturz des (britischen) Pfundes
5 la résidence _____ der zweite Wohnsitz

La rivière Dordogne

le citoyen — der Bürger

Anders als im Deutschen

Für das Wort „Bürger" stehen im Französischen drei Wörter zur Auswahl. Der Bürger als *citoyen* hat eine politische Verantwortung: Er hat Rechte und Pflichten (*il a des droits et des devoirs*) und geht z. B. wählen (*il va voter*). Der Bürger als *bourgeois* vertritt eine bestimmte soziale Klasse: *la Bourgeoisie* (das Bürgertum). Außerdem gibt es auch noch *le bobo* (*le bourgeois bohème*), der wie ein Künstler denkt, aber wie ein *bourgeois* lebt ...
Ist mit „Bürger" nur der Bewohner einer Stadt oder eines Landes gemeint, so heißt er einfach *l'habitant* oder *la population,* wenn man alle Einwohner zusammen meint. Am meisten geliebt und geschätzt ist aber der *cru bourgeois* (wörtlich: bürgerliches Gewächs): man genießt ihn am besten bei Zimmertemperatur in großen Rotweingläsern! ☺

Ü9 *Citoyen, bourgeois, bobo* oder *habitant*? Ergänzen Sie.

1 Nous avons informé tous les _____ de la ville.
2 Il faut garantir l'égalité des _____ face à la maladie.
3 Les _____ d'aujourd'hui sont souvent les révolutionnaires d'hier.
4 Le _____ est plutôt anticonformiste mais mène une vie confortable.

@ Le télétravail

le/la graphiste	der/die Grafiker/in
le/la comptable	der/die Buchhalter/in
la Commission Européenne	die Europäische Kommission
le réseau informatique	*hier:* das Intranet
l'horaire *m* souple	die Gleitzeit
à mi-temps	halbtags
mettre à la disposition	zur Verfügung stellen

Leçon 3

solitaire	einsam
le matériel	das Material (*hier:* Büro-/Computerausstattung)

bavarder	plaudern
les déplacements *mpl* quotidiens	die täglichen Fahrten
dominer	überwiegen
la correction	die Verbesserung / Korrektur
compatible	kompatibel, geeignet

traduire	übersetzen
→ la traduction	→ das Übersetzen
→ le/la traducteur/-trice	→ der/die Übersetzer/in

Ü10 Wörter in Wortfamilien lassen sich leichter lernen. Ergänzen Sie die Tabelle und fügen Sie ein Beispiel ihrer Wahl hinzu.

	Substantiv	Verb	Beruf
1	la traduction	_____	le/la traducteur /-trice
2	le compte	compter	le/la _____
3	la danse	_____	le/la _____
4	la _____	corriger	le/la correcteur/-trice
5	la _____	lire	le/la _____
6	la _____	_____	le/la couturier/-ière
7	la chanson	_____	le/la _____
8	la _____	diriger	le/la _____
9	_____	_____	le/la _____

Ü11 Portrait d'un pantouflard

Léo ist ein echter Stubenhocker. Kreuzen Sie an, was zu seinem Profil *Pantouflard* passt.

- [ ] 1 Il met plus souvent la télé que ses chaussures de marche.
- [ ] 2 Pas la peine d'aller loin quand on a un jardin.
- [ ] 3 Le week-end, il ne rentre jamais chez lui avant une heure du matin.
- [ ] 4 Il aime ses habitudes : courses le samedi matin et bol d'air le dimanche.
- [ ] 5 Quand il a un long week-end, il part visiter une ville qu'il ne connaît pas.
- [ ] 6 Une idée qui l'angoisse : passer une journée sans mettre le nez dehors.
- [ ] 7 S'il avait plus de temps libre, il profiterait mieux de son canapé.
- [ ] 8 Toujours prêt à partir : il a du mal à trouver des gens pour l'accompagner.
- [ ] 9 Il voyage surtout avec les livres. Sa lecture préférée : le Guide du routard.

Ü12

Und Sie? Haben Sie Gemeinsamkeiten mit Léo? Schreiben Sie unter diesem Aspekt einen kurzen Text über sich.

Leçon 4

Carrefour
des générations

1 Générations : signes des temps

le signe	das Zeichen
appartenir à	gehören zu
le ticket de rationnement	die Essensmarke
la zone libre	die unbesetzte Zone
la Seconde Guerre mondiale	der Zweite Weltkrieg
les Trente Glorieuses *fpl*	die 30 „goldenen" Nachkriegsjahre
la chute du mur	der Mauerfall

Ü1 Verbinden Sie das historische Ereignis mit dem passenden Datum oder Zeitraum.

1	la chute du mur		a	mai 1968
2	les Trente Glorieuses		b	1914-1918
3	la Seconde Guerre mondiale		c	1945
4	la révolte étudiante		d	1945 75
5	le début de la guerre froide		e	1989
6	la Première Guerre mondiale		f	1939-45

Rappel

Zeitangaben wie *depuis, pendant, il y a, ça fait... que* usw. helfen Ihnen, zeitliche Abläufe deutlich zu machen.

Ü2 Ordnen Sie die Zeitangaben der passenden Kategorie zu.

après-demain   ~~hier~~   aujourd'hui   en ce moment   autrefois
bientôt   dans une minute   maintenant   il y a trois ans

passé	présent	futur
hier		

trente-neuf | 39

Ü3 Setzen Sie die passende Präposition ein. In einem Fall wird keine Präposition verwendet.

pendant – depuis – en – il y a – ça fait – après – dans – avant

1 Je rentrerai _____ mon travail.
2 Dépêche-toi, le film commence _____ trente minutes.
3 Nous nous sommes mariés _____ 15 ans.
4 Qu'est-ce que vous faites _____ les vacances ?
5 _____ deux ans que je n'ai aucune nouvelle d'elle.
6 J'ai déménagé _____ 2009. _____ j'habitais à Nantes.
7 J'ai rendez-vous chez le dentiste _____ mardi prochain.
8 Nous habitons ici _____ trois mois.

l'arrière-petit-enfant *m*	der Urenkel
le/la soixante-huitard/e	der/die Achtundsechziger/in
la libération sexuelle	die sexuelle Revolution
la sexualité	die Sexualität
le sida	AIDS
l'ascenseur *m* social	der soziale Aufstieg
l'écologie *f*	der Umweltschutz
la mobilité	die Mobilität
la polyvalence	die Vielseitigkeit
la nouveauté	die Neuerung
la limite → sans limites	die Grenze → grenzenlos
le camp	das Lager
pratiquement	praktisch
confortable	gesichert, bequem
l'évolution *f*	die Entwicklung
insouciant/e	unbekümmert
diplômé/e	diplomiert, Diplom-…
précaire	ungewiss, prekär

Leçon 4

Ü4 Fortschritt oder Rückschritt? Ordnen Sie die folgenden Entwicklungen des letzten Jahrhunderts der passenden Wortsonne zu.

la libération sexuelle   le plein emploi   une situation précaire

un avenir incertain   l'augmentation de salaire   la chute du mur

une retraite confortable   le chômage   la crise économique

les caisses de retraite vides

certain/e ≠ incertain/e   sicher ≠ unsicher

 **Ein Schritt weiter**

Mit der Vorsilbe *in-* (bzw. *im-* vor *b*, *p* oder *m*) können Sie das Gegenteil ausdrücken. Die Umkehrung dieser Regel funktioniert allerdings nicht immer: So gibt es z. B. zu *insouciant* (unbekümmert) kein Adjektiv ~~souciant~~.

Ü5 Bei den folgenden Adjektiven trifft die Regel zu. Ergänzen Sie jeweils das fehlende Adjektiv und übersetzen Sie dann die negativen Formen.

	positif		négatif	
1	complet	→	*incomplet*	*unvollständig*
2		→	inconfortable	
3	dépendant	→		
4	attendu	→		
5		→	indiscret	indiskret
6	possible	→		
7	intéressant	→		
8	parfait	→		unvollkommen

d'après vous	Ihrer Meinung nach
le sujet	das Thema
le facteur	*hier:* der Faktor
relatif/-ve à	betreffend
la tâche ménagère	die Arbeit im Haushalt
la politesse	die Höflichkeit
la fréquentation	*hier:* der Freundeskreis, Umgang
la participation	die Beteiligung
le rangement	das Aufräumen
la vie affective	das Gefühlsleben
la relation étroite	die enge Beziehung
la difficulté	die Schwierigkeit
le recours	der Ausweg, die Rettung
dialoguer	sprechen mit
tabou	Tabu-...
aborder	ansprechen
aussi bien... que...	sowohl ... als auch ...
faire appel à	sich wenden an
demeurer	bleiben
solidaire	solidarisch
privilégié/e	*hier:* bevorzugt

Ü6 Finden Sie in der oben stehenden Liste eine gleichbedeutende Wendung.

1 à votre avis   *d'après vous*

2 commencer à parler de

3 les amis

4 le thème

5 le problème

6 préféré

7 rester

8 interdit

Leçon 4

en cas de	im Falle
la structure	die Struktur
rassurant/e	beruhigend
obsédé/e	besessen
être sur le dos de qn	jdm im Nacken sitzen

 **Ein Schritt weiter**

Wendungen mit Körperteilen sind wegen ihrer Bildhaftigkeit sehr beliebt.

Ü7 Finden Sie im Kasten für jede Zeichnung die richtige Wendung und formulieren Sie damit einen passenden Satz. Wie lautet die deutsche Übersetzung?

> avoir un verre dans le nez – se lever du pied gauche – prendre du ventre –
> être toujours sur le dos de quelqu'un – être dur d'oreille –
> avoir la main verte

Il s'est levé du pied gauche.

quarante-trois | 43

2 Ça ne peut pas
continuer comme ça !

les affaires *fpl*	*hier:* die Sachen
le drame	das Drama
promis ← promettre	versprochen ← versprechen
l'agacement *m*	die Gereiztheit
l'impatience *f*	die Ungeduld
s'énerver → énervant/e	ich aufregen → nervig, entnervend
pénible	anstrengend
en avoir ras le bol	die Nase voll haben

Ü8 Verbinden Sie jeweils die gleichbedeutenden Ausdrücke links und rechts.

1 J'en ai marre. a Ne vous inquiétez pas.
2 C'est incroyable. b Calmez-vous.
3 C'est énervant. c Ce n'est pas possible. Vous exagérez.
4 Ce n'est pas bien grave. d C'est vraiment pénible.
5 Ne vous énervez pas. e J'en ai ras le bol.

l'excuse *f*	die Ausrede
paresseux/-se	faul
exiger	verlangen, fordern

Rappel

Die Endungen des *subjonctif présent* (fett gedruckt in der Tabelle) werden in der Regel an den Verbstamm der 3. Person Plural Präsens *(ils)* angehängt.

travailler →		ils travaill**ent**
que	je	travaill**e**
que	tu	travaill**es**
qu'	il	travaill**e**
que	nous	travaill**ions**
que	vous	travaill**iez**
qu'	ils	travaill**ent**

Leçon 4

Ü9 **a** Ordnen Sie die Verbformen der passenden Kategorie zu. Zwei Formen können in beiden Spalten stehen. Kreisen Sie sie ein.

tu prennes   vous veniez   il vient   elle regarde   vous écoutez

nous parlions   je finisse   tu attends   tu manges   nous regardons

Indikativ Präsens   *subjonctif présent*

_____   _____
_____   _____
_____   _____
_____   _____

b Unregelmäßige Formen: Wie lautet der Infinitiv folgender Verben?

1 Il faudrait que **je fasse** du sport.   _____
2 Il faut que **vous soyez** là à 9 heures.   _____
3 Je veux que **tu saches** toute la vérité.   _____
4 Il va falloir que **vous ayez** du courage.   _____
5 J'aimerais tant qu'**elle puisse** venir à Noël.   _____

Rappel

Verben und Wendungen, die einen Wunsch, einen Befehl oder eine Notwendigkeit ausdrücken, erfordern den *subjonctif*.

Ü10 *Subjonctif* oder Indikativ?
a Nach welchen der folgenden Ausdrücke steht der *subjonctif*? Kreuzen Sie an.

☐ je veux que   ☐ j'aimerais que   ☐ je sais que   ☐ il faut que   ☐ je pense que
☐ j'espère que   ☐ je souhaite que   ☐ je ne veux pas que   ☐ je voudrais que

b Setzen Sie das Verb in die passende Form des *subjonctifs*.

1 (regarder) J'aimerais que tu _____ moins la télé.
2 (se lever) Il faut que vous _____ tôt demain.
3 (être) Je souhaite que vous _____ à l'heure.
4 (dire) J'exige que tu me _____ toute la vérité.
5 (finir) Il faut absolument que nous _____ ce soir.
6 (attendre) Je ne voudrais pas qu'elle _____ trop longtemps.

3 Deux générations, un toit

le toit	das Dach
se loger	unterkommen, eine Wohnung finden
spacieux/-ieuse	geräumig
la colocation	die Wohngemeinschaft / WG
intergénérationnel/le	Mehrgenerationen-...
effectuer	ausführen
agrémenter	verschönern
rendre plus agréable	angenehmer machen

Ü11 Kombinieren Sie die Elemente der beiden Kästen und bilden Sie daraus die französischen Entsprechungen der deutschen Ausdrücke unten.

tisser – faire – vivre – ~~rendre~~ – agrémenter – partager – rendre

des économies – plus facile – le quotidien – en colocation – des liens – ~~un service~~ – un appartement

1 *rendre un service*   einen Dienst erweisen
2 _____   Verbindungen knüpfen
3 _____   sparen
4 _____   in einer Wohngemeinschaft wohnen
5 _____   eine Wohnung teilen
6 _____   leichter machen
7 _____   den Alltag schöner machen

le concept	das Konzept
se développer	sich entwickeln

 Vive les femmes !

la pilule	die (Antibaby-)Pille
voter	wählen
la parité	die Parität / Gleichheit
l'égalité *f*	die Gleichheit
l'avortement *m*	die Abtreibung
la loi	das Gesetz
le sexe	das Geschlecht
réservé/e aux hommes	den Männern vorbehalten
égaux en droits	gleichberechtigt
le chef d'orchestre	der/die Dirigent/in
le/la maçon/ne	der/die Maurer/in

la légalisation	die Legalisierung
l'autorisation *f*	die Genehmigung
l'élection *f*	die Wahl

 **Ein Schritt weiter**

Mit der Endung *-tion* werden feminine Substantive gebildet, wobei das zugrunde liegende Verb manchmal nicht leicht zu erkennen ist, wie z. B. bei *élection* (Wahl), das vom Verb *élire* (wählen) kommt. Können Sie die folgenden Formen erraten?

Ü12 Vervollständigen Sie die Tabelle.

Verb	Substantiv auf *-ion*	
1 élire	l'élection	die Wahl
2 agir	_____	die Handlung
3 _____	l'obtention	der Erhalt
4 diriger	_____	die Direktion
5 _____	la location	die Vermietung
6 _____	la réception	der Erhalt / Empfang

le registre de langue	das Sprachniveau
illustré/e	illustriert

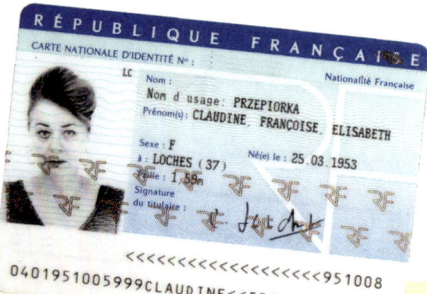

Der Geburtsname, ein Leben lang
In Frankreich behält eine Frau, wenn sie heiratet, ihren Mädchennamen *(La femme garde son nom de naissance)*. Die meisten Frauen führen jedoch den Namen ihres Ehemannes als *nom d'usage*. Es handelt sich hier also lediglich um ein Nutzungsrecht. Für alle offiziellen Dokumente gilt jedoch nur der Geburtsname, so z. B. auch im Ausweis *(la carte d'identité)*.

Leçon 4

@ Une réunion de travail

convoquer	*hier:* bestellen, kommen lassen
le/la collaborateur/-trice	der/die Mitarbeiter/in
mettre au point	ausarbeiten
répartir	verteilen
la table ronde	der runde Tisch
l'envoi *m*	das Abschicken / Verschicken
la mission	die Aufgabe
être réuni/e	versammelt sein
clore	schließen, beenden

Ü13 Welche Reaktion passt? Verbinden Sie.

1 J'aimerais commencer tôt demain.   a Oui, il faut juste que je fasse encore quelques photocopies.

2 C'est tout pour le moment.   b Moi, je dois retéléphoner à midi.

3 Qui s'occupe de la réservation ?   c Très bien, alors, au revoir Monsieur le Directeur.

4 Voici le dossier que vous avez demandé.   d Pas de problème, nous serons là.

5 Vous êtes prêt pour la réunion de demain ? e Merci beaucoup.

Anders als im Deutschen

Visiter ist nicht gleich „besuchen"
Das französische Verb *visiter* bedeutet *sich ansehen / besichtigen*. So kann man ein Museum / eine Stadt besuchen / besichtigen (*visiter un musée* oder *une ville*). Geht es aber um eine Person, so greift man auf andere Verben zurück wie z. B. *aller voir*, da man Menschen in der Regel nicht besichtigt ☺.

Ü14 Ergänzen Sie die Sätze mit der passenden Form von *visiter* oder *aller voir*.

1 J'ai mal aux yeux. Je vais _____ un spécialiste.

2 Est-ce que vous _____ déjà _____ le nouveau musée de Metz ?

3 Elle _____ ses parents une fois par mois.

4 Quand pouvons-nous _____ l'appartement ?

Ü15 Les grands-parents ont bien changé.

a Lesen Sie den Text über die neue Großelterngeneration und tragen Sie die fehlenden Wörter ein.

> un ordinateur   une retraite confortable   leurs petits-enfants
> ils s'occupent   les arrière-grands-parents   Elle coud   une vieille dame
> en bonne santé   leurs parents   d'autres plaisirs

Les grands-parents d'autrefois : un vieux monsieur et _____, cheveux blancs, lunettes et vêtements sombres. _____, il fume la pipe.
Les grands-parents (mamie et papy) d'aujourd'hui sont bien différents : ils sont modernes, ils ont _____, une webcam, ils utilisent Internet. Ces silversurfers*, comme on les appelle maintenant, veulent connaître et partager les activités de loisirs de _____ dont _____ souvent, qu'ils vont par exemple chercher à l'école ou à la crèche ou qu'ils gardent le mercredi.

Les enfants les trouvent en général plus cool que _____.
Mais les nouveaux grands-parents se réservent aussi pour _____ _____ : ils sont amateurs de voyages, de sorties. Ils sont actifs, _____, ils font du tennis, ils ont des projets, ils ont de l'argent (la génération baby-boom a _____) et ils veulent profiter de la vie au maximum.
Mais où sont passés les grands-parents d'autrefois ? Eh bien, avec l'espérance de vie qui allonge, ils sont devenus _____ d'aujourd'hui.

* Internetnutzer ab 50

b Stimmen die folgenden Aussagen? Kreuzen Sie *vrai* oder *faux* an.

	vrai	faux
1 Les relations grands-parents / petits-enfants ne sont pas compliquées.	☐	☐
2 Les grands-parents d'aujourd'hui sont stressés et déprimés.	☐	☐
3 Les parents font rarement appel à leurs parents pour la garde des enfants.	☐	☐
4 Les arrière-grands-parents ressemblent aux grands-parents d'autrefois.	☐	☐

Ü16

Sind Sie / Ihre Eltern / Ihre Großeltern diesen neuen Großeltern ähnlich? Beschreiben Sie sie kurz.

Leçon 5

Du côté des consommateurs

1 Histoire d'argent

l'argent *m*	das Geld
l'incident *m*	der Zwischenfall
tomber	hinfallen, stürzen
se relever	wieder aufstehen
paniquer	in Panik geraten
l'ambulance *f*	der Krankenwagen
le SAMU	der Rettungsdienst
l'armée *f*	die Armee
la bourgeoisie	das Bürgertum
humain/e	menschlich
le scénario	das Drehbuch
le déroulement	der Ablauf
paraître	scheinen

Ü1 Welche Wörter aus der oben stehenden Liste sind hier gemeint?

Horizontalement
4. C'est l'ensemble des soldats d'un pays
5. On dit qu'il ne fait pas le bonheur
8. Elle vient quand il y a des blessés
9. Classe sociale privilégiée
10. Errare humanum est : l'erreur est…

Verticalement
1. Il doit être intéressant si on veut avoir un bon film
2. Suite d'actions, d'événements
3. En général moins grave qu'un accident
6. Perdre l'équilibre
7. Un autre verbe pour « sembler »

cinquante et un | 51

mélancolique	melancholisch
premièrement	erstens
deuxièmement	zweitens
envelopper	einpacken
s'abîmer	*hier:* welken
le regard	der Blick
rouler	rollen
subitement	plötzlich
en même temps que	in dem Moment, als
évidemment	natürlich, sicher
comment s'y prendre	wie soll man sich verhalten
par quel bout commencer	womit soll man anfangen

2 Consommer *toujours plus ?*

consommer	verbrauchen
→ le/la consommateur/-trice	→ der/die Verbraucher/in
le comportement	das Verhalten
dépensier/-ière	verschwenderisch

Ü2 Ergänzen Sie die Vokabelliste mit Hilfe folgender Wörter.

automatique affaire promotionnelle surface marchande discount

1 l'offre *f* _____ das Sonderangebot
2 le hard _____ der Discounter
3 la bonne _____ das Schnäppchen
4 la galerie _____ die Einkaufspassage
5 la grande _____ das Einkaufszentrum
6 le distributeur _____ der (Verkaufs-)Automat

Leçon 5

les soldes *fpl*	der Schlussverkauf
se servir	*hier:* sich bedienen
le téléachat	das Teleshopping
le passe-temps	der Zeitvertreib
l'ouverture *f* ≠ la fermeture	die Öffnung ≠ die Schließung
habituel/le	gewöhnlich
interrompre	unterbrechen
signaler	signalisieren
le désintérêt	das Desinteresse
attentivement	aufmerksam

Ü3 Welche Aussage passt? Kreuzen Sie an.

1 Sie wurden unterbrochen.
 a ☐ Tu disais ?
 b ☐ Tu permets, je finis ma phrase.

2 Etwas interessiert Sie nicht besonders.
 a ☐ Merci, ce n'est pas la peine.
 b ☐ Je n'ai jamais réfléchi à la question.

3 Sie unterbrechen jemanden.
 a ☐ Désolé de t'interrompre, mais...
 b ☐ Je disais donc que...

4 Sie fragen jemanden nach seiner Meinung.
 a ☐ Qu'est-ce que tu en penses ?
 b ☐ C'est vrai ?

5 Sie haben keine Meinung.
 a ☐ Quelle idée!
 b ☐ À vrai dire, je n'en sais rien.

en consultant Internet	beim Surfen im Internet

Rappel

> Mit dem *gérondif* können Sie zwei Teilsätze, die das gleiche Subjekt haben, so umformen, dass ein kürzerer Satz entsteht:
> *On ne parle pas quand on mange.*
> → *On ne parle pas **en mangeant.***
> (Man spricht nicht beim Essen.)

Ü4 Ersetzen Sie den kursiv geschriebenen Satz durch ein *gérondif* und übersetzen Sie die Sätze anschließend mündlich.

1. Il lit toujours son courrier *pendant qu'il déjeune*.
   → Il lit toujours son courrier en déjeunant.

2. *Quand j'ai relu l'exercice*, j'ai trouvé trois erreurs.
   → J'ai trouvé trois erreurs _____.

3. Peut-on apprendre *pendant qu'on dort* ?
   → _____ ?

4. *Je suis tombé* mais je ne me suis pas fait mal.
   → _____.

5. J'ai perdu mes clés *quand je suis descendu du train*.
   → _____.

6. *Si vous prenez ce chemin*, vous irez plus vite.
   → _____.

3 Habitudes alimentaires

le gastronome	der Gastronom

Le *repas gastronomique français* inscrit au patrimoine de l'UNESCO
Wussten Sie, dass das traditionelle französische Essen seit 2010 zum Weltkulturerbe der UNESCO gehört?
Woraus besteht es?
Aus mindestens drei bis vier Gängen: *une entrée, un plat principal (poisson ou viande) avec garniture (légumes, pâtes, riz, etc.), plateau de fromage et dessert.* Eingerahmt und begleitet wird das Ganze natürlich von alkoholischen Getränken: *un apéritif* vor dem Essen, *du bon vin* währenddessen und am Ende *un digestif* für die Verdauung.
Wo wird es eingenommen?
An einem schön gedeckten Tisch, mit Platz für alle eingeladenen Gäste oder die ganze Familie.
Und wann?
Dieses Essen ist ein Festessen und begleitet wichtige Momente im Leben eines Menschen:
une réunion de famille, un anniversaire, un mariage usw.
Wir wünschen allen Gourmets **Bon appétit** ! ☺

Leçon 5

le principe	das Prinzip
le chouchou *(fam)*	der Liebling
l'exploitation *f*	der Betrieb
le terroir	die Gegend, der Landstrich
l'importation *f*	der Import
l'alimentation *f*	die Nahrung / Ernährung
s'alimenter	sich ernähren
se nourrir	sich ernähren
le locavore	*Person, die nur Produkte aus der Region isst*

 **Ein Schritt weiter**

Die Endung *-vore* bedeutet *manger* (essen). Der erste Teil des Wortes sagt Ihnen, wie oder wovon sich die Person (oder das Tier) ernährt. So isst der **locavore** z. B. nur Produkte aus der Region *(des produits locaux).*

Ü5 Was steht hier auf der Speisekarte? Bringen Sie wieder Ordnung in die Definitionen.

1 Le carnivore mange ~~la télé~~. → *de la viande*
2 L'herbivore mange des insectes. → _____
3 Le frugivore ne mange que de l'herbe. → _____
4 Le cochon est omnivore, il mange de la viande. → _____
5 Un insectivore mange de tout. → _____
6 Un télévore regarde énormément des fruits. → _____

la crise	die Krise
réduire	reduzieren, senken
la dépense	die Ausgabe
lancer	*hier:* eröffnen, anstoßen
relancer	(wieder) aufleben lassen
le débat	die Debatte / Diskussion

sain/e — gesund, gut für die Gesundheit

Anders als im Deutschen

Sain oder en bonne santé?
Das deutsche Wort „gesund" hat im Französischen verschiedene Entsprechungen:
En bonne santé bedeutet „nicht krank / bei guter Gesundheit" sein – *sain/e* meint *bon pour la santé* (gut für die Gesundheit).

Ü6 *Sain/e* oder *en bonne santé* ? Übersetzen Sie.

1 gesund bleiben _____
2 gesunde Bioprodukte _____
3 Ich bin gesund. _____
4 eine gesunde Ernährung _____

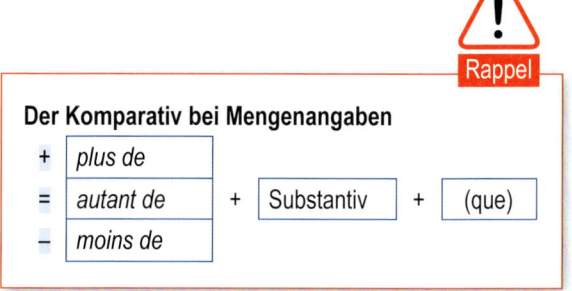

Der Komparativ bei Mengenangaben

+	plus de		
=	autant de	+ Substantiv +	(que)
–	moins de		

Ü7 *Plus de / autant de / moins de* ? Vergleichen Sie Ihr Leben heute und früher.

avoir – prendre – manger – acheter

~~temps libre~~ – argent – problèmes – ~~soucis~~ – cheveux blancs – livres – produits bio produits prêts à consommer – vacances – viande

aujourd'hui

1 J'ai **plus de** temps libre.
2 _____
3 _____
4 _____
5 _____

autrefois

1 J'avais **moins de** soucis.
2 _____
3 _____
4 _____
5 _____

Leçon 5

assister	miterleben
l'espèce *f*	die Art
exclusivement	ausschließlich
ça y est	jetzt ist es soweit
l'ingrédient *m*	die Zutat
la courgette	die Zucchini
l'avocat *m*	die Avokado
l'ail *m*	der Knoblauch
le basilic	das Basilikum
la coriandre	der Koriander
le tarama	*Paste aus Fischrogen*
le pain grillé	das getoastete Brot
un filet de	*hier:* ein Schuss
une poignée de	eine Handvoll
décortiquer	schälen *(Schalentiere)*
mélanger	mischen
hacher → haché/e	hacken → gehackt
déposer	legen
tapisser	auslegen
le fond	der Boden
le bord	der Rand
éplucher	schälen *(Obst, Gemüse)*
la rondelle	die Scheibe

Ü8 Spielen Sie Koch und verbinden Sie.

1	faire cuire	a	en rondelles	über Dampf garen
2	passer	b	de la crème fraîche	mit dem Mixer pürieren
3	couper	c	à la vapeur	in (dünne) Scheiben schneiden
4	huiler	d	au mixeur	die Backform einfetten
5	faire revenir	e	le moule	in der Pfanne andünsten
6	ajouter	f	dans la poêle	Crème fraîche hinzufügen
7	mélanger	g	au frais	alle Zutaten mischen
8	mettre	h	le tout	kühl stellen

le four	der Ofen
à four moyen	bei mittlerer Hitze
la poêle	die Pfanne
le moule	die (Back-)Form

 **Ein Schritt weiter**

La poêle est sur le poêle. Die Pfanne ist auf dem Ofen.
Einige Substantive haben, je nachdem, ob sie feminin oder maskulin sind, unterschiedliche Bedeutung, wie z. B. *poêle* (Pfanne oder Ofen). Entdecken Sie in der nächsten Übung einige dieser *Zwitterwörter*.

Ü9 **a** Ergänzen Sie die Tabelle mit folgenden Wörtern.

moule   somme   livre   tour   poste

b *Le* oder *la*? Ergänzen Sie nun noch den richtigen Artikel (und lassen Sie sich dabei nicht vom deutschen Artikel „verleiten"! … ☺)

1 *le poêle* der Ofen   *la poêle* die Pfanne
2 _____ das Buch   _____ das Pfund
3 _____ die Arbeits(stelle) _____ das Postamt
4 _____ die Backform   _____ die Miesmuschel
5 _____ der Turm   _____ die Tour (de France)
6 _____ das Nickerchen   _____ die Summe

Ü10 Ordnen Sie die Wörter der richtigen Kategorie zu. Ergänzen Sie die letzte Zeile jeweils mit Wörtern Ihrer Wahl.

couper   l'ail   la poêle   le moule   éplucher   le four   l'avocat   la courgette   faire cuire

ingrédients	ustensiles	verbes
1 _____	_____	_____
2 _____	_____	_____
3 _____	_____	_____
4 _____	_____	_____

Leçon 5

être tendance	trendy sein
moyen/ne	*hier:* mittelgroß
le triangle	das Dreieck
la suggestion	der Vorschlag

Produits *made in France* ☺

l'invention *f*	die Erfindung
le format	das Format
l'armature *f*	das Gestell
le potage	die Gemüsesuppe
alléger	leichter (kalorienärmer) machen

Ü11 Ergänzen Sie die Vokabelliste indem Sie die Wörter den Definitionen zuordnen.

digicode   poubelle   bouteille thermos   boîte de conserves   sac à dos   moulin à légumes

1   Utile quand on part en voyage.   le _____
2   Elle garde les boissons chaudes.   la _____
3   Utile si vous aimez le potage.   le _____
4   Il protège des visites indésirables.   le _____
5   Si vous n'aimez pas cuisiner.   la _____
6   La vider n'est pas un plaisir.   la _____

La poubelle: une invention du Préfet Eugène-René Poubelle
Eugène-René Poubelle (1831-1907), Präfekt des Départements Seine, wollte ein sauberes Paris und setzte die Einführung von Gefäßen auf den Straßen zur Beseitigung des Hausmülls durch. Diese Gefäße erhielten später den Namen Ihres Erfinders: *poubelle*.
Auch andere Personen haben Ihren Namen an einen Gegenstand weitergegeben: André-Marie Ampère (→ *une ampère*), John Sandwich (→ *un sandwich*), Ferdinand von Zeppelin (→ *le zeppelin*). Kennen Sie noch andere?

@ Faire une réclamation par téléphone

le service après-vente	der Kundendienst
échanger	tauschen
la facture	die Rechnung
le ticket de caisse	der Kassenbon
le trou	das Loch
sans arrêt	ständig
prêter	leihen

Ü12 Reklamationen. Hier stimmt einiges nicht. Berichtigen Sie. Die gesuchten Wörter finden Sie in der oben stehenden Liste.

1 Si vous voulez échanger votre appareil, gardez votre *ticket de rationnement*.

2 Passez-moi *le SAMU*, s'il vous plaît, c'est pour une réclamation.

3 Pouvez-vous me *planter* un ordinateur le temps de la réparation ?

4 En tombant, hier, j'ai fait *une facture* à mon pantalon.

5 J'ai acheté un ordinateur qui marche mal. Je vais *l'allumer*.

Ü13 Sie wollen an einem Internet-Forum teilnehmen. Lesen Sie die verschiedenen Beiträge auf der nächsten Seite und beantworten Sie die Fragen.

1 À quelle question répondent les internautes ?

2 Qu'est-ce qui domine ? Le pour ou le contre ?

3 Une personne n'est ni pour ni contre. Qui ?

Leçon 5

Ludo
Je suis contre. C'est mon seul jour de repos et je veux le passer avec ma famille ou avec mes amis. La consommation, ce n'est pas un passe-temps !

Béa
J'en ai marre de cette consommation ! Je souhaite même qu'on limite les horaires d'ouverture dans la semaine. Alors le dimanche...

Paulo
Moi, je suis pour. Les villes sont tristes quand les magasins sont fermés. J'aime bien faire les courses en famille et pendant la semaine, ce n'est pas possible.

Anna
Personne ne sera obligé d'aller dans les magasins ce jour-là, mais les personnes qui en ont envie pourront le faire. Alors pourquoi l'interdire ?

Marine
Je fais les courses deux fois par semaine et je ne changerai pas mes habitudes, même si les magasins ouvrent le dimanche. Il faudrait proposer des loisirs plus intelligents aux familles ? Je sais pas, moi... des activités sportives, culturelles.

Ü14 Und Sie? Was meinen Sie? Schreiben Sie Ihre Meinung dazu und begründen Sie sie kurz.

Je, tu, il, elle, nous et les autres...

1 Zoom sur les amis

Ü1 Bei den folgenden Substantiven fehlen die Vokale. Fügen Sie sie ein und bewerten Sie dann, ob diese Substantive positiv ☺ oder negativ ☹ sind.

la fid*é*lit*é*	☺	die Treue
l'_ff_n_t_ f		die Affinität / Wesensverwandtschaft
la r_v_l_t_		die Rivalität
l'_nt_m_t_ f		die Vertrautheit
la j_l__s_		die Eifersucht
la h_nt_		die Scham
le c__r_g_		der Mut
la d_sp_t_		der Streit
la m_s_r_		das Elend
le v_c_		das Laster

se séparer	sich trennen
se réconcilier	sich versöhnen
se confier	sich anvertrauen
se taire	schweigen
exclure	ausschließen
la décision	die Entscheidung / der Entschluss
revenir sur sa décision	seinen Entschluss überdenken, revidieren
faire de la peine	traurig machen
prendre garde à	sich in Acht nehmen vor

inséparable	unzertrennlich
constant/e	beständig
provisoire	provisorisch
fantaisiste	originell
méchant/e	böse
hypocrite	heuchlerisch
regrettable	bedauerlich
essentiel/le	wesentlich

Leçon 6

Ü2 Finden Sie in der Wortschlange das Gegenteil der folgenden Adjektive, und fügen Sie die Übersetzung hinzu.

OSOMMÉCHANTGUHYPOCRITELUFANTAISISTEVEMPROVISOIREBAT
NIESSENTIELOESBPRÉCIEUXINPREGRETTABLEUX

	français			allemand		
1	adorable	≠	_____	süß, liebenswürdig	≠	böse
2	conformiste	≠	_____	konformistisch	≠	_____
3	sincère	≠	_____	_____	≠	heuchlerisch
4	définitif/-ve	≠	_____	_____	≠	provisorisch
5	bienvenu/e	≠	_____	_____	≠	bedauerlich
6	secondaire	≠	_____	zweitrangig	≠	wesentlich
7	commun	≠	_____	_____	≠	wertvoll

en soi — in sich
le/la conseiller/-ère — der/die Berater/in
excepté — bis auf, außer

Rappel

Mit dem *subjonctif* geben Sie Ihre subjektive Meinung wieder:
→ Ihr eigenes Empfinden: *Je suis désolé que tu ne puisses pas venir.*
→ Ihr eigenes Urteil: *C'est normal que tu sois fatigué.*
→ Ihre Zweifel: *Je ne suis pas sûr que ce soit une bonne idée.*

Ü3 Indikativ oder *subjonctif*?

a Sind die folgenden Wendungen gleichbedeutend (=) oder nicht (≠)?
Fügen Sie das passende Zeichen hinzu.

1	Je trouve dommage que...	=	Je trouve regrettable que...
2	Je pense que...		Je crois que...
3	J'aimerais que...		Je souhaite que...
4	Il faut que...		Il vaut mieux que...
5	Je suis sûr que...		Je suis certain que...
6	J'ai peur que...		Je crains que...
7	Je ne suis pas sûr que...		Je doute que...
8	Il est normal que...		j'espère que...

b Kreuzen Sie die Wendungen an, die den *subjonctif* erfordern.

soixante-trois

Anders als im Deutschen

Das deutsche unpersönliche Pronomen „es" wird im Französischen unterschiedlich wiedergegeben:
- → **Es** schmeckt.   *C'est bon.*
- → **Es** geht.   *Ça va.*
- → **Es** regnet.   *Il pleut.*
- → **Es** ist normal, dass ... *Il est normal que...*
- → **Es** gibt ...   *Il y a...*

Ü4 Streichen Sie die falsche Übersetzung von „es" durch.

1. Es ist zu laut hier.   (Il y a / C'est) trop de bruit ici.
2. Wie spät ist es?   Quelle heure (est-il / est-ce) ?
3. Beeil dich, es ist dringend.   Dépêche-toi, (c'est / il est) urgent.
4. Es hat heute Nacht geschneit.   (Il a neigé / Ça a neigé) cette nuit.
5. Es ist bedauerlich, dass du gehst.   (Il est / C'est) regrettable que tu partes.
6. Es war einmal ein Prinz ...   (C'était / Il était) une fois un prince...
7. Es gibt ein kleines Problem.   (Il y a / C'est) un petit problème.
8. Es ist sehr freundlich von Ihnen.   (Il est / C'est) très aimable à vous.

2 _____ *(titre à compléter)*

tomber amoureux/-se	sich verlieben
les amants *mpl*	die Liebenden
le/la bien-aimé/e	der/die Geliebte
le pacte d'amour	der Liebespakt
uni/e	vereint
la rupture	der Bruch

i

Une alliance pour la vie ?
Die Franzosen tragen ihren Ehering *(l'alliance)* am Ringfinger der linken Hand *(à l'annulaire de la main gauche)*. Daher kommt übrigens, wie auch im Deutschen, der Name dieses Fingers: *anneau* (Ring) → *annulaire* (Ringfinger). *L'alliance* symbolisiert die (hoffentlich lebenslange ☺) Verbindung zweier Menschen. An welcher Hand wird er in Ihrem Land getragen?

Leçon 6

l'adolescent/e *m/f*	der/die Heranwachsende
se tuer = se suicider	sich umbringen / Selbstmord begehen
l'épée *f*	das Schwert
la balle	die Kugel
le/la réalisateur/-trice	*hier:* der/die Filmregisseur/in
se résoudre à	sich entschließen zu
se remettre de	sich erholen von
le prince / la princesse	der Prinz / die Prinzessin
le/la sculpteur/-trice	der/die Bidhauer/in
la tapisserie	*hier:* das Webtuch
défaire	*hier:* wieder auftrennen

 **Ein Schritt weiter**

Mit der Vorsilbe *dé-* kann man eine Aktion rückgängig machen: Aus Lektion 1 kennen Sie bereits *décloisonner = enlever une cloison* (eine Wand entfernen). Es hat aber nicht jedes Verb, das mit *dé-* beginnt eine „zerstörerische" Bedeutung: So heißt *dépenser* nicht etwa „mit dem Denken aufhören", sondern „Geld ausgeben".

Ü5 Leiten Sie das neue Verb ab und tragen Sie die deutsche Bedeutung der Verben mit *dé-* ein.

1 ranger sa chambre → *déranger* in Unordnung bringen
2 monter une étagère → _____ _____
3 faire ses valises → _____ _____
4 couvrir un toit → _____ _____
5 plaire → _____ missfallen
6 brancher l'ordinateur → _____ _____

l'asile *m* psychiatrique	die psychiatrische Anstalt
réel/le ≠ imaginaire	real ≠ imaginär
avec sursis	auf Bewährung
émouvoir	bewegen, rühren
bouleversant/e	erschütternd
détourner de	abbringen von
le détournement de mineur	die Verführung Minderjähriger

> **Mariés oder pacsés ?** Hauptsache Liebe! *Pourvu qu'on s'aime...* 💙💙💙
> Eine Ehe wird in Frankreich im Standesamt geschlossen, der (zivile) Solidaritätspakt (*Pacs = Pacte civil de solidarité*) dagegen im Amtsgericht.
> Und im Gegensatz zur Ehe, die nur von Personen verschiedenen Geschlechts (*des personnes de sexe différent*) eingegangen werden kann, spielt die geschlechtliche Orientierung beim *Pacs* keine Rolle. Nur Familienmitglieder, z. B. Geschwister, dürfen ihn nicht nutzen.
> Wussten Sie, dass von der Abkürzung *Pacs* übrigens sogar ein neues Verb (*se pacser*) abgeleitet wurde?

Ü6 Ergänzen Sie die Wendungen.

tomber   être fou   se marier   condamné à   se remettre

avoir   porter   détourner   s'aimer   boire   se séparer

1 _____	en secret	heimlich heiraten
2 _____	le coup de foudre	Liebe auf den ersten Blick
3 _____	plainte	Anzeige erstatten
4 _____	passionnément	sich leidenschaftlich lieben
5 _____	du poison	Gift trinken
6 _____	de son destin	von seinem Schicksal abbringen
7 _____	d'amour	vor Liebe verrückt sein
8 _____	de sa femme	sich von seiner Frau trennen
9 _____	d'une maladie	sich von einer Krankheit erholen
10 _____	amoureux	sich verlieben
11 _____	un an de prison	zu einem Jahr Gefängnis verurteilt

3 Portes ouvertes
à la solidarité

le/la bénévole	der/die ehrenamtliche Mitarbeiter/in
faire un don	spenden
le chèque	der Scheck

Leçon 6

handicapé/e	behindert
la souffrance	der Schmerz, das Leid
échapper à	entkommen, verschont bleiben
toucher	betreffen
agir	handeln
la recherche	die Forschung
l'effort *m*	die Bemühung / Anstrengung
le/la chercheur/-se	der/die Forscher/in
contribuer à	beitragen zu
soutenir	unterstützen
à travers	*hier:* über, mithilfe von
la bête	das Tier
la cage	der Käfig
augmenter	zunehmen
sûrement	sicherlich

Ü7 Ein Wort pro Satz stimmt nicht. Streichen Sie es durch und verbessern Sie es durch eines der folgenden Wörter.

don   handicapée   bénévole   souffrance   augmente

1 Dans le bus, on laisse sa place à une personne énervée.
2 Un homme qui travaille sans salaire est un chercheur.
3 Faites un voyage pour aider les Restos du Cœur.
4 Le nombre de malades du diabète diminue rapidement.
5 Ne restons pas inactifs face à la recherche des autres.

Ü8 Folgende Wörter ähneln deutschen Wörtern. Ergänzen Sie die Übersetzung.

1 la sensibilité
2 le financement
3 le chèque
4 le diabète
5 adopter
6 isolé/e

Rappel

> ***En*** vertritt eine Gruppe mit ***de*** (*du / de la / des*):
> *Il parle trop de son travail.* → *Il en parle trop.* Er spricht zu viel darüber.
> ***Y*** vertritt eine Gruppe mit ***à*** (*au / à la / aux*):
> *Il s'intéresse au foot.* → *Il s'y intéresse.* Er interessiert sich dafür.

Ü9 Verbergänzungen mit *à* oder *de*

a Ergänzen Sie die Wortsonnen.

avoir besoin   s'habituer   contribuer   se souvenir

~~parler~~   réfléchir   participer   avoir envie   échapper

s'occuper   entendre parler   ~~s'intéresser~~

s'intéresser → **à** ←

parler → **de** ←

b Wovon ist hier die Rede? Fügen Sie das richtige Pronomen ein und notieren Sie das gemeinte Wort mit der passenden Präposition.

~~loto~~   restos du cœur   politique   réunion   voiture   lunettes

1 Moi, je n'*y* joue jamais. → *au loto*
2 Je m'_____ sers tous les jours. J'habite loin de mon travail. → _____
3 Oui, j'_____ ai entendu parler. → _____
4 Non, je ne m'_____ intéresse pas du tout. → _____
5 Je n'_____ ai pas participé parce ce que j'étais malade. → _____
6 J'_____ ai besoin seulement pour lire. → _____

Leçon 6

Vivre ensemble

le handicap	die Behinderung
moteur	Bewegungs-..., motorisch
mental/e	geistig
la projection	die Vorführung
sourd/e	taub
le/la malentendant/e	der/die Hörbehinderte
le/la malvoyant/e	der/die Sehbehinderte
le/la non-voyant/e	der/die Blinde
la personne à mobilité réduite	der/die Gehbehinderte

Ein Schritt weiter
Le politiquement correct

Eine als zu negativ empfundene Tatsache wird oft mittels Wortneuschöpfung etwas abgeschwächt. So wird dann z. B. *aveugle* (blind) zu *non-voyant* (nicht sehend) und *sourd* (taub) zu *malentendant* (schlecht hörend). Auf diese Weise werden „unschöne" Wörter langsam aus der Sprache verdrängt. In der nächsten Übung können Sie einige dieser Neuschöpfungen entdecken.

une ingénieure de maison

Ü10 Notieren Sie die jeweils passende „beschönigende" Wendung.

les personnes défavorisées   un technicien de surface   une hôtesse de caisse

une personne à mobilité réduite   un accompagnateur de train

les séniors   un demandeur d'emploi

1 une caissière   _____
2 un chômeur   _____
3 un handicapé   _____
4 les vieux   _____
5 un balayeur   _____
6 les pauvres   _____
7 un contrôleur   _____

soixante-neuf | 69

l'équipement *m*	die Ausstattung
l'intégration *f*	die Integration
le/la spectateur/-trice	der/die Zuschauer/in
accessible	zugänglich, *hier:* verständlich
équipé/e de...	ausgestattet mit ...
le label	das Logo / (Güte-)Siegel
atteint/e de	betroffen von

  Travailler en équipe

gêner	stören
encourager	ermutigen
féliciter	gratulieren
circuler	*hier:* weitergegeben werden
supporter	ertragen

Ü11 Finden Sie für jede Wendung eine gleichbedeutende (=) und eine gegensätzliche (≠) in den beiden Kästen.

> supporter – circuler – gêner – ~~se décider~~ – encourager – féliciter

> résister – décourager – mettre à l'aise – blâmer – ~~hésiter~~ – être bloqué

		=	≠
1	faire un choix	*se décider*	*hésiter*
2	donner du courage		
3	faire un compliment		
4	déranger		
5	accepter sans réagir		
6	passer de l'un à l'autre		

Leçon 6

l'entente f	*hier:* die Stimmung
piquer *(fam)*	klauen
aller droit au but	zielstrebig sein
le défi	die Herausforderung
l'émotion f	das Gefühl
consciencieux/-se	gewissenhaft
compréhensif/-ve	verständnisvoll
efficace	effektiv
tendu/e	gespannt
capable de	fähig
désordonné/e	unordentlich
le réseau social	das soziale Netz
l'étude f de marché	die Marktanalyse
la comptabilité	die Buchhaltung
éviter	vermeiden

Ü12 Markieren Sie jeweils die Definition, die dasselbe aussagt.

1 L'atmosphère est tendue.
   a On est à l'aise.
   b On ne se sent pas bien.

2 Il est consciencieux.
   a Il est sérieux dans son travail.
   b Il va toujours droit au but.

3 Elle est très efficace.
   a Elle a toujours des idées originales.
   b Elle obtient de bons résultats.

4 Il est très compréhensif.
   a Il comprend les problèmes des autres.
   b Il comprend tout très vite.

5 Il est désordonné.
   a Il n'est pas assez autoritaire.
   b Il n'a pas d'ordre.

6 Il n'est pas capable de comprendre.
   a Il ne veut pas comprendre.
   b Il ne peut pas comprendre.

Ü13 Lesen Sie die Leserbriefe auf die Frage *Comment sont vos relations* avec *vos collègues* ? Welche Überschrift passt zu welchem Kommentar? Notieren Sie die Nummer.

- L'entente entre collègues : un élément essentiel du bien-être au travail
- Les collègues au travail : cela peut être un cauchemar
- On choisit ses amis, pas ses collègues

1 J'ai des relations excellentes avec tous mes collègues, sauf un que je trouve même dangereux : il est hypocrite, jaloux de la réussite des autres, il fait circuler des informations fausses sur les gens et met en danger toute l'entente dans notre équipe. Depuis qu'il travaille dans notre service, l'atmosphère est tendue… Heureusement qu'il n'occupe pas un poste important dans l'entreprise !

2 J'ai deux collègues que je ne vois pas souvent (deux fois par semaine) parce que je fais du télétravail. Elles sont compétentes, consciencieuses et notre équipe marche bien. Quand nous nous rencontrons, nous parlons surtout boulot. Je ne sais presque rien d'elles, en fait. Cela me convient parce que je ne veux pas mélanger vie privée et vie professionnelle. Les collègues ne sont pas des amis.

3 Mes collègues et moi, nous nous entendons très bien : il n'y a aucune rivalité entre nous. Chacun peut compter sur l'autre, c'est vraiment agréable. Nous nous rencontrons régulièrement en dehors du travail. Pour moi, c'est essentiel. Je ne pourrais pas travailler dans une mauvaise ambiance.

Ü14 Und Sie? Sind Ihre Kollegen auch Ihre Freunde oder trennen Sie Berufliches und Privates? Hatten Sie schon Probleme mit Kollegen? Erzählen Sie von ihren Erfahrungen mit Kollegen (oder mit Freunden).

Leçon 7

L'utile et l'agréable

1 Petits soucis
de la vie quotidienne

multitâche	multitasking-fähig
le sigle	die Abkürzung
le déficit de l'attention	das Aufmerksamkeitsdefizit
la douleur articulaire	der Gelenkschmerz
le dérèglement	die Störung
apercevoir	bemerken
l'entrée *f*	der Eingang, die Diele
le rebord de la fenêtre	die Fensterbank
l'antivol *m*	das Fahrradschloss
la télécommande	die Fernbedienung
le courrier (publicitaire)	die (Werbe-)Post
la corbeille à papier	der Papierkorb
le poisson	der Fisch
vider	leeren
l'étui *m*	das (Brillen-)Etui
introuvable	unauffindbar

Ü1 Was brauchen Sie, wenn ...?

1 Vous venez d'acheter deux poissons rouges.   *un aquarium*
2 Vous ne voulez pas qu'on vole votre vélo.   _____
3 Vous voulez ranger vos lunettes.   _____
4 Vous voulez jeter une lettre publicitaire.   _____
5 Vous êtes sur le canapé et vous voulez allumer la télé.   _____

sauter aux yeux	ins Auge springen
je n'ai pas arrêté de la journée	ich war den ganzen Tag beschäftigt
être crevé/e *(fam)*	erledigt, kaputt sein

le vélo n'est pas réparé   das Fahrrad ist nicht repariert

> Beim Passiv wird das Objekt (farbig hervorgehoben) zum Subjekt:
> *Nous avons vendu tous les livres.*
>
> *Tous les livres ont été vendus.* Alle Bücher wurden verkauft.
> Der Handelnde muss dabei nicht unbedingt erwähnt werden.
> Bildung des Passivs:
>
> Konjugierte Form von *être*   **+**   Partizip Perfekt

Ü2 Ergänzen Sie die Tabelle mit der jeweils fehlenden Form. Achten Sie auf die Zeit im Aktivsatz.

	aktiv	passiv
1	On a volé trois vélos cette nuit.	Trois vélos _____ .
2	On utilise peu le passif en français.	Le passif _____ .
3	Le voisin _____ .	La lettre a été ouverte par le voisin.
4	Les voisins ne m'ont pas invité.	Je _____ .
5	On fabrique ces montres en Suisse.	Ces montres _____ .
6	_____ .	Tous les gâteaux ont été mangés par les enfants.
7	On a repassé les chemises.	_____ .

Leçon 7

2 Le carnaval *des animaux*

l'être *m* humain	der Mensch
l'animal *m* domestique / de compagnie	das Haustier
l'âne *m*	der Esel
le cochon d'Inde	das Meerschweinchen
le reptile	das Reptil
le rongeur	das Nagetier
le cheval	das Pferd
le lion	der Löwe
le serpent	die Schlange
le perroquet	der Papagei
la perruche	der Wellensittich
la tortue	die Schildkröte
la mygale	die Vogelspinne

Les Français adorent les animaux
Die Franzosen sind große Tierliebhaber, aber hätten Sie gewusst, was in Frankreich gleich nach Hund und Katze die Rangliste der beliebtesten Haustiere anführt? ... *Le furet* (das Frettchen)! ... Dieses NAC *(nouvel animal de compagnie)* ist anhänglich wie ein Hund *(affectueux comme un chien)* – nur bequemer: man muss nicht mit ihm Gassi gehen –, verspielter als eine Katze *(plus joueur que le chat)* ... und frech wie Oskar ☺ !
Außerdem kennt in Frankreich jedes Kind das Lied *Il court, il court le furet*..., das man während des Spiels *Le furet* singt, bei dem ein Gegenstand heimlich hinter dem Rücken weitergereicht und viel gerannt, gesucht und gelacht wird ...

Ü3 Kreuzworträtsel

Die Buchstaben in den farbigen Feldern ergeben den Namen eines Tieres, das sich der Farbe seiner Umgebung anpasst:

le _____

Horizontalement

3. Rouge, il habite dans un aquarium.
4. Ce reptile tenait compagnie à Ève dans le jardin d'Éden.
7. Elle ressemble à l'animal du 5 vertical, mais en plus petit.
9. Cet oiseau est perché au sommet de la la pyramide des « Musiciens de Brême ».
10. Ninja, elle plaît aux petits et aux grands.

Verticalement

1. Elle peut mordre : c'est très douloureux, mais rarement mortel.
2. Roi des animaux, il est aussi l'emblème de la Peugeot.
5. Cet oiseau aux couleurs magnifiques est parfois très bavard.
6. Il a de longues oreilles et il crie très fort.
8. On rencontre ce bel animal dans la nature ou sur une Ferrari.

Leçon 7

le/la vétérinaire	der/die Tierarzt/-ärztin
le/la comportementaliste	der/die Verhaltenspsychologe/-in
apprivoiser	zähmen
manifester	*hier:* zeigen
la tristesse	die Traurigkeit
la progression	die Steigerung
l'accessoire *m*	das Zubehör
le prestige	das Prestige / Ansehen
la discrétion	die Diskretion
mystérieux/-se	geheimnisvoll
le ronronnement	das Schnurren
indécis/e	unentschlossen
apaisant/e	beruhigend
gênant/e	störend
jouir de	genießen
siffler	pfeifen
rendre agressif/-ve	aggressiv machen

 **Ein Schritt weiter**

Aggressiv **machen** = *rendre* agressif: Das deutsche Verb „machen" wird hier nicht mit *faire* wiedergegeben. Entdecken Sie in der nächsten Übung ähnliche Fälle.

Ü4 Welche deutsche Wendung mit „machen" können Sie benutzen, um die folgenden Sätze zu übersetzen? Notieren Sie sie in der Grundform.

1. Ce médicament m'a rendu malade.   *krank machen*
2. Nous avons passé nos vacances en France.
3. J'ai passé le bac il y a vingt ans.
4. Cela me donne mal au ventre.
5. Cela donne beaucoup de travail.
6. Prépare-toi, on part dans dix minutes.

comme si	als ob
l'abandon *m*	*hier:* das Aussetzen (eines Tieres)
le comité de rédaction	das Redaktionskomitee

soixante-dix-sept | 77

Rappel

ce qui / ce que = (das) was
Ce qui steht für das Subjekt → *Il aime **ce qui** est cher.*
Ce que steht für das Objekt → *Il fait **ce qu'**il veut.*
!!! Nach *ce que*... steht immer das Subjekt.

Ü5 Setzen Sie *ce qui* oder *ce que/qu'* ein.

1 Tu sais très bien *ce que* je pense de tout ça.
2 Elle ne sait pas _____ _____ elle veut.
3 Prends _____ _____ te plaît.
4 J'ai fait _____ _____ j'ai pu.
5 _____ _____ est important, c'est que nous soyons tous d'accord.
6 Si tu ne trouves pas _____ _____ tu aimes, aime _____ _____ tu as.

Anders als im Deutschen

*Il ne faut pas réveiller **le chat** qui dort.* Man soll keine schlafenden **Hunde** wecken. Wendungen mit Tiernamen gibt es sowohl im Deutschen als auch im Französischen *en masse*, aber es wird, wie unser Beispiel zeigt, nicht immer dasselbe Tier bemüht.

Ü6 Diese Sätze wurden wörtlich übersetzt und stimmen deshalb nicht. Welches Tier passt im Deutschen?

1 J'ai un chat dans la gorge.
   → Ich habe eine Katze im Hals.

2 Il fait un froid de canard.
   → Es ist eine Entenkälte.

3 Il est fort comme un lion.
   → Er ist löwenstark.

4 Elle est lente comme une tortue.
   → Sie ist langsam wie eine Schildkröte.

5 Quelle poule mouillée : il a peur de tout.
   → So ein nasses Huhn: Er hat vor allem Angst.

6 Il fait froid et j'ai la chair de poule.
   → Es ist kalt und ich habe eine Hühnerhaut.

Leçon 7

3 Loisirs et parcs d'attractions

le parc d'attractions	der Vergnügungspark
le patrimoine	das (kulturelle) Erbe
la maquette	das Modell
la distraction	der Zeitvertreib, die Zerstreuung
le manège	das Karussell / Fahrgeschäft
tourner	drehen

Ü7 Was passt zusammen? Verbinden Sie.

1. le parc — a. sur la lune — der Themenpark
2. la baisse — b. de proximité — rückläufige Besucherzahlen
3. le tourisme — c. huit — der Nahtourismus
4. la potion — d. à thème — der Zaubertrank
5. la mission — e. de fréquentation — die Weltallmission
6. le pas — f. spatiale — der Schritt auf dem Mond
7. le grand — g. magique — die Achterbahn

l'ennemi/e *m/f*	der/die Feind/in
le caprice	die Laune

Ü8 Fügen Sie das gleichbedeutende Verb hinzu.

redouter   cesser   emporter   se douter de
    enregistrer   s'accroître   être pris

1	arrêter	= _____	aufhören
2	augmenter	= _____	wachsen
3	prendre	= _____	mitnehmen
4	noter, fixer	= _____	registrieren
5	craindre	= _____	(be)fürchten
6	être occupé	= _____	*hier:* beschäftigt sein
7	s'imaginer	= _____	sich denken können, ahnen

l'effet *m*	die Wirkung
le jugement	das Urteil
gâté/e	verwöhnt
chargé/e	voll, ausgefüllt
ravi/e	begeistert
préfabriqué/e	vorgefertigt
débile *(fam)*	schwachsinnig
gâché/e	verdorben
hivernal/e	winterlich
ludique	spielerisch
faire signe	Bescheid sagen
être honoré/e	geehrt sein

Ü9 Hier wird das Gegenteil gesucht. Die passenden Wörter finden Sie in der Liste oben.

1 une journée oisive ≠ *une journée chargée*
2 une activité sérieuse ≠ ___
3 je suis désolé ≠ ___
4 une sortie réussie ≠ ___
5 un film génial ≠ ___
6 des températures estivales ≠ ___

le/la gamin/e *(fam)*	der Bengel / die Göre
vachement *(fam)*	sehr

On est vachement bien ici !

Le français au quotidien : une langue à plusieurs étages ?

le registre courant	die Alltagssprache
le registre soutenu	die gehobene (Schrift-)Sprache
→ de votre part	von Ihnen
→ se voir dans l'obligation	sich gezwungen sehen
→ décliner	ablehnen
→ accaparé/e	in Beschlag genommen
→ être navré/e de…	untröstlich sein über …

Leçon 7

le registre familier	die (lässige) Umgangssprache
→ le bordel *(fam)*	*hier:* das Durcheinander / Chaos
→ le/la coloc *(fam)* (colocataire)	der/die Mitbewohner/in
→ râler *(fam)*	meckern
→ piger *(fam)*	kapieren
→ le mec *(fam)*	der Kerl / Typ

Ü10 A und B benutzen unterschiedliche Sprachniveaus. Verbinden Sie jeweils einen Satz von A und eine Antwort von B, um Minidialoge zu bilden. Markieren Sie anschließend den umgangssprachlichen Ausdruck.

A
1. As-tu compris la fin du film ?
2. Bon, je suis crevé, je rentre.
3. Quel bordel dans cette chambre !
4. Un apéritif ?
5. J'adore me promener sur les quais.
6. On m'a encore piqué mon vélo.
7. Paul est compliqué. Il n'est jamais content.

B
a. Non, merci, j'ai déjà pris l'apéro chez les voisins.
b. Moi, les balades, c'est pas mon truc.
c. Non, j'ai rien pigé.
d. Ah bon ? On te l'a volé quand ?
e. C'est vrai, il râle tout le temps.
f. Moi, je reste encore un peu, je ne suis pas fatigué.
g. Tu vois vraiment du désordre partout.

Déjeuner d'affaires

la carte de visite	die Visitenkarte
la collaboration	die Zusammenarbeit
convier	*hier:* einladen
distribuer	verteilen
mettre en place	einführen
aborder	ansprechen
meubler la conversation	das Gespräch in Gang halten
tant que	solange

Ü11 E-Mail und Brief sind durcheinandergeraten. Trennen Sie sie, indem Sie die Teile des Briefes und der E-Mail mit unterschiedlichen Farben markieren. Schreiben Sie anschließend die E-Mail noch einmal.

→ Vous pouvez me contacter si vous avez des questions.
→ Conformément à votre demande, nous vous adressons ci-joint les informations sur nos différentes activités.
→ Nous restons à votre disposition si vous souhaitez des informations supplémentaires.
→ Bonjour,
→ En vous remerciant d'avance de votre attention, nous vous prions d'agréer, Madame, Monsieur, nos meilleures salutations.
→ Cordialement
→ Madame, Monsieur,
→ Suite à votre demande, je vous envoie en pièce jointe une documentation détaillée sur nos différentes activités.
→ En vous souhaitant bonne lecture.

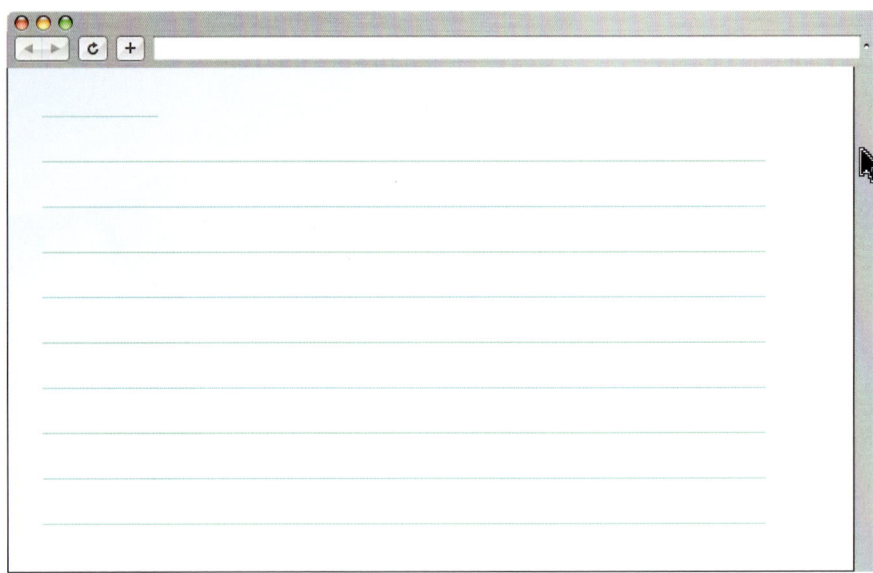

Leçon 7

Ü12 Welches Tier passt zu Ihnen? Machen Sie den Test, bevor Sie sich entscheiden.

1 Côté budget ?
- ■ Un peu juste, souvent à découvert.
- ● Je n'ai aucun problème d'argent.
- ▲ C'est pas la vie de château, mais ça va.

2 Vous vivez…
- ▲ en colocation.
- ● en famille.
- ■ seul/e.

3 Chez vous…
- ● c'est grand et spacieux.
- ■ c'est petit, mais confortable.
- ▲ il y a toujours du monde… et du bruit.

4 Votre caractère ?
- ▲ Vous aimez être au centre de l'attention.
- ■ Vous êtes calme, vous aimez la solitude.
- ● Vous avez bon caractère, vous aimez vous occuper des autres.

5 Vos loisirs ?
- ● Sieste l'après-midi et jeux en réseaux.
- ▲ Balades dans la nature et soirées entre amis.
- ■ Quels loisirs ? Vous travaillez tout le temps.

6 Un mot pour vous décrire ?
- ▲ la compagnie
- ■ l'indépendance
- ● la créativité

Résultats du test : Vous avez...

→ **trois ■ ou plus :** *Idéal pour vous, un poisson rouge ou un rongeur*
Vous tenez à votre tranquillité. Ces petits animaux, qui ne demandent pas beaucoup d'attention, ne vous dérangeront pas beaucoup. Et puis, ils ne coûtent pas trop cher.

→ **trois ▲ ou plus :** *Pourquoi ne pas adopter un chat ou une perruche ?*
Ces animaux sont relativement indépendants, ce qui correspond bien à votre caractère. Évitez de prendre les deux ensemble car ils ne s'entendent pas toujours bien.

→ **trois ● ou plus :** *Chien ou cheval, aucun doute*
Pour vous, un animal, c'est un ami, une personne qui fait partie de votre famille. Vous êtes prêt/e à lui donner beaucoup de votre temps et de votre attention.

→ **Deux ▲ ■ ● :** *Tout vous convient : essayez le caméléon*

Ü13 Haben oder hatten Sie ein Haustier? Erzählen Sie. Wie ist/war Ihr Verhältnis zu ihm? Wenn Sie kein Haustier haben, erklären Sie, weshalb.

Leçon 8

Vous êtes *au courant* ?

1 C'est quoi, *votre dernière bonne nouvelle ?*

l'extinction *f* de voix	die Heiserkeit, der Verlust der Stimme
dédommager	entschädigen
sonner bien	gut klingen
le scoop	*hier:* der Knüller
la tatie *(fam)*	die Tante
ensoleiller	aufheitern, erhellen
être aux anges	überglücklich sein
le soulagement	die Erleichterung

Ü1 Bringen Sie die Sätze in Ordnung und geben Sie an, ob es sich um eine gute ☺ oder schlechte ☹ Nachricht handelt.

1 Après / de ma vie / j'ai enfin trouvé / ratés / deux mariages / l'homme

_____

_____

2 s'en va pas / qui ne / Depuis le début / j'ai une grippe / de l'année

_____

_____

3 sont de plus en plus / D'après / pessimistes / les dernières statistiques / les Français

_____

_____

4 et je suis / J'ai réussi / aux anges / tous mes examens

_____

_____

2 Faits divers

ayant trait à	betreffend
faire l'objet de	Gegenstand sein für

Ü2 Ergänzen Sie die Wörter der Vokabelliste mithilfe der passenden Silbe.

TEM – GÂT – VA – ME – DIE – DÉ – NON

1 le _____lit   die Straftat, das Delikt
2 le cri_____   das Verbrechen
3 la _____pête   der Sturm
4 l'a_____lanche *f*   die Lawine
5 l'i_____dation *f*   die Überschwemmung
6 l'incen_____ *m*   der Brand
7 le dé_____ (matériel)   der (Sach-)Schaden

 **Ein Schritt weiter**

Keine Regel ohne Ausnahme: Wie Sie wissen, sind Wörter auf **-ie** feminin – *incendie* ist aber maskulin! In der nächsten Übung haben Sie Gelegenheit, einige weitere „berüchtigte" Ausnahmen zu typisch femininen bzw. maskulinen Endungen kennenzulernen.

Ü3 Entscheiden Sie, ob die Endung typisch männlich oder weiblich ist, und markieren Sie dann in jeder Zeile das Wort, das aus der Reihe tanzt.

Endung	mask	fem	Beispiele
1 -ie		X	animalerie, mairie, <u>incendie</u>, patrie, bougie
2 -ette			baguette, squelette, clarinette, courgette, navette
3 -ence			patience, compétence, résidence, silence, présence
4 -ée			journée, musée, pensée, entrée, allée
5 -eau			manteau, chapeau, peau, château
6 -ité			liberté, timidité, volonté, nouveauté, comité

Leçon 8

le lien	die Verbindung
toutefois	jedoch
l'archipel *m*	das Archipel, die Inselgruppe

La Polynésie française: ein Stück Paradies im südlichen Pazifik

Lauter Namen, die einen träumen lassen: *Îles Marquises* (Marquesasinseln), *Îles du Vent* (Inseln im Wind), Tahiti, Papeete, Bora Bora usw. So schön, so exotisch ... nur leider so weit weg! ☹ Ein Urlaub dort lohnt sich trotzdem: Weiße Strände, türkisfarbene Lagunen, Kokospalmen (*des cocotiers*), Korallenriffe (*des récifs de corail*), ... ein Paradies für Taucher, Surfer und alle, die einfach mal die Seele baumeln lassen wollen. Und vor allem: ... Sie können dort Französisch sprechen! ☺

Nom : Polynésie française
Superficie : 4167 km^2
Capitale : Papeete (Tahiti)
Population : 276.000 habitants
Statut : POM
Situation : Pacifique-Sud
Signes particuliers : 118 îles
Langues : tahitien, langues polynésiennes
Langue officielle : le français

frapper	*hier:* treffen
provoquer	verursachen
enfermer	einsperren
le téléphérique	die Seilbahn
le/la skieur/-euse	der/die Skifahrer/in
expérimenté/e	erfahren

Ü4 Feste Wendungen. Verbinden Sie.

1 être porté/e	a à l'abri	als verschollen gelten
2 être blessé/e	b dans la descente	schwer verletzt sein
3 faire	c une avalanche	abseits der Pisten Ski fahren
4 être emporté/e	d grièvement	von einer Lawine mitgerissen werden
5 se mettre	e l'alerte	sich unterstellen
6 s'engager	f du hors piste	*hier:* losfahren, starten
7 déclencher	g par une avalanche	eine Lawine auslösen
8 donner	h disparu/e	den Alarm auslösen

Mont, Pic, Crêt, Puy oder Ballon?
Der Name eines Berges variiert je nach Gebirgsmassiv. Können Sie erraten, zu welchem Gebirge die folgenden französischen Gipfel gehören?
le Jura – les Vosges – les Pyrénées – ~~les Alpes~~ – le Massif central

Le Pic du Midi (2877 m) →
Le Mont-Blanc (4807 m) → *les Alpes*
Le Crêt de la Neige (1718 m) →
Le Puy de Sancy (1886 m) →
Le Ballon de Guebwiller (1424 m) →

Ü5
Finden Sie im Kasten für jedes der folgenden Wörter ein Wort mit gleicher Bedeutung.

> l'altitude – pour l'heure – ~~la cause~~ – sembler –
> la circulation – important – toutefois – la consigne – le risque –
> le véhicule de secours – les dégâts – prévu

#				
1	la raison	= *la cause*	der Grund
2	attendu	=	erwartet
3	le trafic	=	der Verkehr
4	l'ambulance *f*	=	der Rettungswagen
5	actuellement	=	gegenwärtig, zur Zeit
6	paraître	=	scheinen
7	cependant	=	jedoch
8	les dommages	=	der Schaden
9	l'ordre *m*	=	die Anweisung
10	la hauteur	=	die Höhe
11	le danger	=	das Risiko
12	considérable	=	wichtig

Leçon 8

Rappel

Das Plusquamperfekt (le *plus-que-parfait*)

j'	avais	pris
tu	avais	pris
il/elle	avait	pris
nous	avions	pris
vous	aviez	pris
ils/elles	avaient	pris

j'	étais	parti/e
tu	étais	parti/e
il/elle	était	parti/e
nous	étions	parti(e)s
vous	étiez	parti(e)(s)
ils/elles	étaient	parti(e)s

Ü6 Was war geschehen? Setzen Sie die folgenden Verben ins Plusquamperfekt.

oublier   lire   ~~ne pas vérifier~~   se lever   dîner   offrir   arriver

1. Il est tombé en panne parce qu'il *n'avait pas vérifié* l'huile avant de partir.
2. Elle avait rendez-vous à neuf heures, mais elle _____ en retard.
3. Je voulais payer, mais _____ mon porte-monnaie.
4. Les enfants _____ tôt pour prendre le bus.
5. Il voulait nous inviter au restaurant, mais nous _____ déjà _____.
6. Il lui _____ un livre qu'elle _____ déjà _____.

3 Filtrer l'info ?

filtrer ← le filtre	filtern ← der Filter
la source d'information	die Informationsquelle
le bouche à oreille	die Mund-zu-Mund-Propaganda
attribuer à	zuschreiben
être attesté/e	belegt sein
montrer	zeigen, beweisen
la Grèce	Griechenland
poursuivre	*hier:* weitersprechen, fortfahren
conclure	folgern
entendre parler de	hören von
il paraît que…	es heißt, dass …

Ü7

Mit den folgenden Wendungen können Sie eine Information weitergeben. Bewerten Sie, wie sicher die Aussage ist: Benutzen Sie (!) für sichere Aussagen und (?) für weniger sichere.

1 J'ai entendu dire que…   ?
2 Il paraît que... ___
3 Je sais de source sûre que… ___
4 On m'a dit que… ___
5 Sais-tu ce que je viens de lire dans Le Monde… ___
6 Sais-tu ce que je viens de lire sur Internet… ___
7 J'ai vérifié moi-même cette information. ___
8 J'en ai simplement entendu parler. ___
9 Tout le monde en parle. ___

Rappel

direkte Rede / Frage	indirekte Rede / Frage
Il dit : « Je suis malade. »	Il dit **qu'il est malade**.
Il demande : « Tout va bien ? »	Il demande **si tout va bien**.
Il demande : « Quand venez-vous ? »	Il demande **quand vous venez**.
Il demande : « Qu'est-ce que c'est ? »	Il demande **ce que c'est**.

Ü8

Notieren Sie die jeweils fehlende Variante in der direkten oder indirekten Rede.

Ils demandent : | **Ils veulent savoir...**

1 « Comment allez-vous ? » — comment vous allez.
2 « Avez-vous des nouvelles de Léa ? » — _____
3 « Pourquoi n'avez-vous pas téléphoné ? » — _____
4 « Qu'est-ce que tu fais demain ? » — _____
5 « _____ ? » — où tu étais hier soir.
6 « _____ ? » — si Pierre est là.

Leçon 8

la bonté	die Güte
l'utilité *f*	die Nützlichkeit
la sagesse	die Weisheit
bienveillant/e	wohlwollend
disparaître	verschwinden
désagréable	unangenehm
agacé/e	gereizt
la fable	die Fabel
la morale	die Moral
à propos de	über

Anders als im Deutschen

Im Französischen gibt es zwei einfache (= nicht zusammengesetzte) Zeiten der Vergangenheit: das *imparfait* (Präteritum) und das *passé simple*. Letzteres wird allerdings nur noch in literarischen Texten verwendet.

Ü9 Lesen Sie eine Zusammenfassung der Fabel *Le Rat de ville et le Rat des champs* von La Fontaine und unterstreichen Sie alle Verben, die im *passé simple* stehen.

Un jour, le rat de ville <u>invita</u> le rat des champs : gourmet et gourmand, il avait préparé un excellent dîner. Le rat des champs arriva à l'heure (il était bien élevé). Après les salutations d'usage, les deux amis passèrent à table. L'ambiance était excellente et le rat des champs était ravi : il n'avait jamais aussi bien mangé. Mais tout à coup, au milieu du repas, il y eut un bruit bizarre, les deux rats, paniqués, prirent la fuite. Le calme revint et le rat de ville proposa de terminer le repas, mais le rat des champs refusa : il n'était plus de bonne humeur et voulait rentrer chez lui le plus vite possible. Avant de partir, il invita son ami à venir dîner chez lui le dimanche suivant. Il trouvait la vie en ville bien dangereuse et peu agréable.

C'est magique ?

magique	magisch
la superstition	der Aberglaube
superstitieux/-se	abergläubisch
retourner	*hier:* umdrehen
faire un vœu	sich etwas wünschen
la fontaine	der Brunnen

Ü10 Verbinden Sie. Bringen diese Handlungen Glück ☺ oder Unglück ☹?

1	croiser	a	une pièce dans une fontaine	das Besteck kreuzen	☹
2	voir	b	sous une échelle	eine Sternschnuppe sehen	
3	offrir	c	une étoile filante	ein Messer verschenken	
4	poser	d	une trèfle à quatre feuilles	das Brot auf den Rücken legen	
5	jeter	e	un couteau	eine Münze in einen Brunnen werfen	
6	passer	f	les couverts	unter einer Leiter hindurchgehen	
7	trouver	g	le pain à l'envers	ein vierblättriges Kleeblatt finden	

le réflexe	der Reflex
briser	*hier:* zerstören
démanger	jucken
le porte-bonheur	der Glücksbringer
Saint-Christophe	heiliger Christophorus

Tentez votre chance au tiercé. Versuchen Sie doch mal Ihr Glück beim Pferderennen.
Für Millionen von Franzosen ist Sonntag *Tiercé-Tag*: Da trifft man(n) sich in einer *bar PMU*, (das ist gemütlicher als auf der Pferderennbahn selbst ... ☺), um beim Pferdelotto sein Glück zu versuchen. Bei der Dreierwette *(au tiercé)* geht es darum, die drei Gewinner des sonntäglichen Rennens möglichst in der richtigen *(dans l'ordre)*, notfalls aber zumindest in der falschen Reihenfolge *(dans le désordre)* anzugeben. Mindesteinsatz ist 1 €. Wollen Sie's auch mal versuchen? Die Wettannahmestellen erkennen Sie an diesem grünen Schild. →

Leçon 8

@ À la recherche d'un emploi

la démarche	der Schritt
Pôle Emploi	*französische Agentur für Arbeit*
le réseau social professionnel	das berufliche Netzwerk
se faire pistonner *(fam)*	seine Beziehungen spielen lassen
une centaine	ca. hundert
le boulot *(fam)*	der Job
la boîte *(fam)*	das Unternehmen
supposer	annehmen
visible	sichtbar
le recruteur	der Headhunter / Personalvermittler

Ü11 Wie sind diese Personen zu ihrem Job gekommen? Notieren Sie den entsprechenden Buchstaben.

a candidature spontanée   **b** se faire pistonner   **d** réseau social professionnel

c répondre à une annonce   **e** Pôle Emploi

1 _____ Luc s'est inscrit sur Xing et il a trouvé un job assez rapidement.

2 _____ Paul était au chômage depuis plus d'un an. Un jour, il en a eu marre et il a téléphoné à la plus grande boîte de la ville. Une place venait juste de se libérer. Incroyable, non ?

3 _____ Léonie est aux anges : l'ANPE vient de lui proposer un poste qui correspond à ses compétences et à sa formation.

4 _____ Antoine n'aime pas trop en parler, mais c'est parce que son père connaissait le patron de la boîte où il travaille qu'il a été embauché.

5 _____ Un matin, au petit déjeuner, lisant mon journal, je tombe sur une annonce de boulot qui correspond tout à fait à mon profil. Je téléphone, je passe avec succès l'entretien d'embauche et j'obtiens le poste. Quelle chance !

Ü12 Von guten Nachrichten kann man nie genug bekommen. Hier lesen Sie noch einige. Finden Sie für jede von ihnen den passenden Titel. Welcher Titel bleibt übrig?

UN QUOTIDIEN PLUS LÉGER

ENFIN RICHE !

LE CALME RETROUVÉ

LES JOIES DE LA FAMILLE

1 _____

Mes voisins ont enfin déménagé. Ils étaient indiscrets, bruyants… bref, ils n'avaient que des défauts. Notre nouveau voisin a l'air très sympathique et discret. Je vais enfin pouvoir dormir la nuit et ouvrir les fenêtres dans la journée. Je n'y croyais plus.

2 _____

Maman et Gérard vont se marier. Les enfants de Gérard… ils sont deux, vont venir habiter chez nous et comme ça, avec ma sœur, on sera quatre. Je suis très content. En plus, Léo-Paul, le fils de Gérard a le même âge que moi.

3 _____

J'ai reçu la confirmation aujourd'hui. Mon fils, non-voyant, a été accepté dans un institut tout près de chez nous. Finie la galère, les transports en bus. Je vais pouvoir l'accompagner le matin avant de partir au travail.

Ü13 Erzählen Sie von einer guten Nachricht aus Ihrem Familien- oder Freundeskreis und geben Sie ihr ebenfalls einen Titel.

Leçon 9

L'avenir, c'est aujourd'hui

1 Avant qu'il soit trop tard ?

avant que	bevor
la déforestation	die Abholzung der Wälder
les déchets *mpl*	der Müll
la fonte ← fondre	das Schmelzen, die Schmelze
l'espèce *f*	die Spezies, die Art
la disparition ← disparaître	*hier*: das Aussterben
en danger	in Gefahr

Ü1 Bilden Sie zusammengesetzte Wörter, indem Sie jedes Element links mit der passenden Ergänzung rechts verbinden.

1 les déchets	a des glaces	der Atommüll
2 la marée	b en voie de disparition	die Ölpest
3 la fonte	c coralliens	die Eisschmelze
4 les espèces *fpl*	d nucléaires	die vom Aussterben bedrohten Arten
5 les récifs *mpl*	e noire	die Korallenriffe

en bonne santé	gesund
pendant des siècles	Jahrhunderte lang
guérir	heilen
le symptôme	das Symptom
le sol	der Boden
le remède	das Heilmittel
le pétrole	das Erdöl

Ü2 Ergänzen Sie die Vokabelliste mit dem jeweils passenden Wort.

la catastrophe – l'épuisement m – l'appauvrissement m – le réchauffement – la pollution – le développement – le nuage

1 *l'épuisement* des ressources naturelles die Erschöpfung natürlicher Ressourcen
2 _____ radioactif die radioaktive Wolke
3 _____ météorologique die meteorologische Katastrophe
4 _____ durable die Nachhaltigkeit
5 _____ de la biodiversité der Rückgang der biologischen Vielfalt
6 _____ de l'atmosphère die Luftverschmutzung
7 _____ climatique die Klimaerwärmung

Ü3 Hier ist einiges durcheinander geraten. Welches Wort gehört wohin?

1 *Les espèces en voie de disparition*, on ne sait pas où les mettre.
2 Nous devons tout faire pour protéger *la marée noire*.
3 Les oiseaux sont parmi les premières victimes de *la biodiversité*.
4 Nous consommons de plus en plus et *les déchets nucléaires* s'épuisent.
5 *Les ressources naturelles*, c'est la grande variété des êtres vivants sur la Terre.
6 *Le développement durable* est en partie responsable des catastrophes naturelles.
7 *Le réchauffement climatique* a pour but d'amener l'économie à respecter les limites naturelles de la Terre.

Leçon 9

Ü4 Die französischen Übersetzungen stimmen nicht ganz ...
Verbessern Sie.

1. die Ölpest ist ein echtes Problem — *la marée basse* est un vrai problème
   →
2. die Klimaerwärmung bekämpfen — lutter contre *le refroidissement* climatique
   →
3. die unsichtbaren radioaktiven Wolken — les *très visibles* nuages radioactifs
   →
4. die Nachhaltigkeit ist ein Heilmittel — le développement durable est *un risque*
   →
5. die Vorteile der Nachhaltigkeit — les avantages du développement *provisoire*
   →

prendre conscience de — sich einer Sache bewusst werden

 **Ein Schritt weiter**

Das Verb *prendre* bedeutet „nehmen", klar. ☺ Man kann aber noch viel mehr mit ihm ausdrücken. Lernen Sie in der folgenden Übung einige weitere gebräuchliche Wendungen mit *prendre* kennen.

Ü5 Welche Bedeutung hat das Verb *prendre* in den folgenden Sätzen? Übersetzen Sie die Sätze anschließend mündlich für sich.

conduire – s'informer – boire – faire – durer – voler – grossir – s'asseoir

P 1 Ils ont pris de tes nouvelles. → *s'informer*
R 2 Prenez place, je vous en prie. →
E 3 Ce travail m'a pris trois heures. →
N 4 Je ne voudrais pas prendre de poids. →
D 5 Et si on prenait un verre ? →
R 6 Il ne devrait pas prendre le volant. →
E 7 On m'a pris mon vélo. →
   8 Comment vous y prenez-vous ? →

afin que	damit, um ... zu
pour que	damit, um ... zu
avant que	bevor
dès que	sobald
bien que	obwohl

Rappel

Der *subjonctif* steht nach folgenden Konjunktionen: *avant que, bien que, afin que, pour que, jusqu'à ce que...*

Ü6 Streichen Sie die falsche Verbform durch.

1. J'aimerais le rencontrer avant qu'il (part / parte).
2. Si tu (viens / viennes) demain, nous pourrons faire une balade autour du lac.
3. Partons pendant qu'il (fait / fasse) encore jour.
4. Je n'ai rien raconté afin qu'elle ne se (fait / fasse) pas de soucis.
5. J'ai dit oui bien que je ne (suis / sois) pas tout à fait d'accord.
6. Nous avons tout fait pour qu'elle (soit / est) heureuse.
7. Téléphone-nous dès que tu (as / aies) les résultats.
8. J'attendrai jusqu'à ce que vous me (donnez / donniez) une réponse.
9. Je ferai tout pour que nous (pouvons / puissions) nous rencontrer.
10. Il occupe ce poste parce qu'il (est / soit) très compétent.

sauver la nature	die Natur retten
protéger	schützen
le site	die Internetseite, die Homepage
agir	handeln, akiv sein
l'avenir *m*	die Zukunft
éteindre	ausschalten
l'appareil *m* électrique	das Elektrogerät
en veille	im Standby-Modus
tenir bon	durchhalten
la bonne cause	der guten Zweck

Leçon 9

la vitre	die Fensterscheibe
rouler vitres fermées	mit geschlossenen Fenstern fahren
la clim(atisation) *(fam)*	die Klimaanlage
l'essence *f*	Treibstoff, Benzin
les transports *mpl* en commun	öffentliche Verkehrsmittel
arroser le jardin	den Garten gießen
l'écolo *m/f (fam)* (écologiste)	der/die Grüne

 **Ein Schritt weiter**

Aus dem Sprachtrainer A2 (Lektion 6) kennen Sie ja schon die Liebe der Franzosen zur Kürze ... ☺. Hier lernen Sie eine weitere beliebte Methode kennen, Wörter (diesmal jeweils mit der Endung -o) abzukürzen. So wird z. B. aus einem *intellectuel* ein *intello* und aus einer *décoration* eine *déco*. Machen Sie doch gleich eine Übung (*un exo* ☺) dazu!

Ü7 In dieser Wortschlange sind 7 Abkürzungen auf -o versteckt, die Sie brauchen, um das folgende Rätsel zu lösen. Schreiben Sie sie dann hinter die passende Definition. Wie lautet das vollständige Wort?

VEODICOSEIBIOIMINFOSTRAPÉRONABEFRIGOIROCÉCOLOTOLABOAS

1 On l'utilise quand on vous ne connaît pas un mot.   *le dico* / *dictionnaire*

2 Très agréable à prendre avec des amis avant le déjeuner.   _____ / _____

3 Le chercheur y travaille.   _____ / _____

4 Pour parler d'une personne qui respecte l'environnement.   _____ / _____

5 On y met des aliments pour qu'ils restent frais.   _____ / _____

6 Les produits de cette agriculture sont plus sains.   _____ / _____

7 On les regarde à la télé ou on les écoute à la radio.   _____ / _____

2 Il y a
voyage et voyage…

le voyage de noces	die Hochzeitsreise
faire face à	entgegenstellen, begegnen
la frénésie	die Raserei, der Wahn
l'impact *m*	die Auswirkung / Folge
l'environnement *m*	die Umwelt
permanent/e	ständig, permanent
la réflexion	die Überlegung
le compromis	der Kompromiss
persuader	überreden

Ü8 Voyages à la carte. Wer reist wie? Ordnen Sie die verschiedenen Reisemöglichkeiten den Beschreibungen zu.

le tour du monde – la croisière – l'aventure – le slow tourisme

1 _____

En vacances, Julien et Clara aiment surtout se reposer. Suite à une longue réflexion, ils ont décidé de passer leurs vacances sur l'eau.

2 _____

Véronique se soucie beaucoup de l'impact de ses loisirs sur l'environnement. Pour ses vacances, elle a trouvé la formule idéale: gîte rural, randonnées, balades à vélo et contact avec les gens de la région.

3 _____

Pour échapper au stress permanent de leur profession, Lucien et Fanny ont pris une année entière de congé. Leur projet : visiter les cinq continents.

4 _____

Pour leur voyage de noces, Fabien a réussi à persuader Laura d'essayer une formule originale : escalade, Rafting, VTT.

Leçon 9

Le gîte Panda: Das Ferienhaus auf dem Land, Markenzeichen PANDA
Sie lieben die Natur, Wanderungen und viel Grün um sich herum? Dann versuchen Sie es doch mal mit einem *gîte Panda*! Dieses Markenzeichen wird vom WWF (World Wide Fund for Nature) an bestimmte Ferienwohnungen /-häuser auf dem Land (*gîtes ruraux*) vergeben und unterliegt genauen Umweltschutzanforderungen. Der Panda garantiert:
→ ein *gîte* in einem Naturschutzgebiet,
→ Wanderwege vor der Haustür,
→ ein Infopaket zur Umgebung sowie
→ eine umweltgerechte Wohn- und Lebensweise.

Ü9 Welche Reaktion passt? Kreuzen Sie sie an.

1. Moi cette année, je pars faire un trekking en Mongolie.
   a Toi et tes idées !   b On s'en fout.

2. Les voyages culturels, c'est pas mon truc.
   a Il faut toujours que tu fasses l'intéressant.   b Moi non plus, je n'aime pas trop.

3. Nous allons essayer le *slow tourisme*, cette année.
   a C'est quoi, ce truc ?   b C'est un avis intéressant.

4. Et si on faisait une randonnée dans les Cévennes, cette année ?
   a Je t'avais bien dit de faire attention.   b Pourquoi pas ?

5. Ils sont partis en voyage de noces à la Martinique.
   a J'en ai marre de ce truc !   b Quelle chance !

3 La simplicité *volontaire*

la simplicité volontaire	die bewusst gewählte Einfachheit / Natürlichkeit
le/la tisserand/e	der/die Weber/in
la sculpture	*hier:* die Holzschnitzerei
le sculpteur sur bois	der Holzschnitzer
le cadre	der (Bilder-)Rahmen
l'industrie *f* du bois	die holzverarbeitende Industrie
le tissage	das Weben
le tissu	der Stoff

se lancer dans	hier: es versuchen mit
se faire embaucher	sich einstellen lassen
se recycler	hier: neu anfangen
s'embourgeoiser	bürgerlich werden
le standing	der (hohe) Lebensstandard
coûteux/-se	teuer
privilégié/e	bevorzugt
le porte-bagages	der Gepäckträger
en autarcie	autark
se chauffer à	heizen mit
renoncer à	verzichten auf
se passer de	verzichten auf / entbehren
pousser qn à faire qc	jdn dazu bringen etw. zu tun

Ü10 Welcher Satz (a oder b) hat jeweils dieselbe Bedeutung wie der Ausgangssatz? Markieren Sie ihn.

1 Il s'est embourgeoisé.
  a Il a acheté un appartement dans un quartier bourgeois.
  b Il a changé de style de vie.

2 Nous nous passons très bien de voiture.
  a La voiture ne nous manque pas du tout.
  b Nous utilisons rarement notre voiture.

3 Il s'est lancé dans la peinture.
  a Il s'est débarrassé de ses vieux tableaux.
  b Il a commencé une carrière de peintre.

4 Mes parents m'ont poussé à accepter cette proposition.
  a Mes parents me conseillaient de dire oui.
  b Mes parents m'ont laissé décider seul.

5 Je n'ai pas renoncé à ma première idée.
  a J'ai finalement choisi une autre solution.
  b Je n'ai pas changé d'avis.

Leçon 9

Rappel

Les pronoms possessifs

	ein Besitzobjekt	mehrere Besitzobjekte
(je)	le mien / la mienne	les miens / les miennes
(tu)	le tien / la tienne	les tiens / les tiennes
(il/elle)	le sien / la sienne	les siens / les siennes
nous	le/la nôtre	les nôtres
vous	le/la vôtre	les vôtres
(ils/elles)	le/la leur	les leurs

Ü11 Verbinden Sie die zusammengehörenden Aussagen. Der rechte Satz ist jeweils eine Reaktion auf den linken oder eine Ergänzung dazu.

1 Nos enfants sont adorables. a La leur est en panne.
2 Ta veste est élégante. b À la vôtre !
3 Notre maison est grande. c Les nôtres se sont très bien passées.
4 Mon voyage s'est bien passé. d La sienne aussi.
5 Je leur ai prêté ma voiture. e La vôtre est immense.
6 Alors, ces vacances ? f Il avait oublié le sien à la maison.
7 À votre santé ! g Les leurs sont insupportables.
8 Je lui ai prêté mon livre. h Et le tien ?

Développement durable : ça bouge en France

se vouloir	*hier:* sich geben als
innovant/e	innovativ
charmer	*hier:* begeistern
la pédale	das Pedal
déposer qn	jdn absetzen
ramener qn	jdn zurückfahren
le bienfait	die Wohltat, der Nutzen
urbain/e	städtisch
résoudre un problème	ein Problem lösen
l'écologie *f*	der Umweltschutz

> **Anders als im Deutschen**
>
> Es gibt im Französischen mehrere Möglichkeiten, ein zusammengesetztes Wort (*un mot composé*) zu schreiben:
> → zusammen: *l'autoroute* (Autobahn)
> → mit Bindestrich: *le lave-vaisselle* (Geschirrspüler)
> → mit Präposition: *la carte de visite* (Visitenkarte)
> → mit Adjektiv: *l'école élémentaire* (Grundschule)

Ü12 Setzen Sie Wörter zusammen, indem Sie ein Element von links mit einem Element von rechts verbinden. Fügen Sie, wenn nötig, einen Bindestrich hinzu.

porte	moyen	vélo		sportive	sur bois	libre
développement		temps			feuille	durable
activité	porte	sculpture		bus	de transport	bagages

1 *le vélo-bus* — der Fahrradbus
2 le _____ — die Nachhaltigkeit
3 l' _____ — die sportliche Aktivität
4 le _____ — das Verkehrsmittel
5 le _____ — der Gepäckträger
6 la _____ — die Holzschnitzerei
7 le _____ — die Freizeit
8 le _____ — die Brieftasche

sans emballage	ohne Verpackung
l'emballage *m*	die Verpackung
le gaspillage	die Verschwendung
le point de vente	die Verkaufsstelle
l'hypermarché *m*	der Groß-Supermarkt, der Hypermarkt
100 % vrac	100% lose / unverpackte Ware
sur place	vor Ort
consigné/e	mit Pfand
gagner du terrain	*hier:* an Bedeutung gewinnen, sich verbreiten
à la pesée	nach Gewicht

Leçon 9

@ Un courrier professionnel

précéder	vorangehen
à l'attention de	zu Händen von
remplacer	ersetzen
le télécopieur	das Faxgerät
le photocopieur	der Kopierer
l'intervention *f*	der Einsatz

Ü13 In diesen Brief haben sich einige Fehler eingeschlichen. Verbessern Sie sie.

Artisanat d'art ART-PROD
Daniel Revert
15 Quai du Canal
47 000 AGEN

(1) à l'adresse de M. André Roux
16 bld de la République
24 000 BERGERAC

Nos réf. : dr_19/06

Agen, le 19 juin 2018

(2) Courrier : votre demande de matériel d'information

(3) Très cher,

Nous avons bien reçu votre (4) objet du 16 juin dernier et nous vous en remercions. Veuillez trouver ci-joint notre nouveau catalogue publicitaire.

Nous avons le plaisir de vous informer que vous pourrez bénéficier d'une réduction de prix sur de nombreux (5) catalogues de notre maison.

Madame Richet, du service des ventes, se tient à votre disposition pour toute (6) conversation supplémentaire.
En vous remerciant de l'intérêt que vous manifestez pour nos produits, je vous prie (7) d'ajouter, Monsieur, mes meilleures (8) informations.

Le Directeur,
D. Revert

Pièce jointe : un catalogue (9) et une facture

Ü14 100 % écolo ?

a Lesen Sie den Text und tragen Sie die fehlenden Wörter ein.

gros pulls   l'environnement   le seul moment   la douche

consommer   locavore   voyages lointains   le chauffage   recycler

Élodie est une écolo *pur jus* : tous ses gestes, au quotidien, sont dictés par le souci de _____. Par exemple, elle se déplace presque toujours à vélo ou en train. Elle vient de vendre sa voiture. Chez Élodie, il ne fait jamais chaud, _____ est réglé sur 17 degrés : elle adore les _____ en laine. Elle ne prend plus de bains, bien sûr. Elle dit que pour être propre, _____, c'est suffisant. Ça fait déjà deux ans qu'elle ne mange plus de viande. Sa dernière idée : _____ des produits de la région. Eh oui, Élodie envisage de devenir _____. Adieu bananes, ananas, avocats... Élodie suit la règle des 4 R : _____, réparer, réduire et réutiliser. Mais il y a une chose à laquelle elle ne renonce pas : les _____. Le prix des vols a tellement baissé ! Alors, chaque année, Élodie s'offre un grand voyage. C'est _____ de l'année où elle ne pense pas à l'environnement.

b Unterstreichen Sie die Aktionen, die Élodie für den Umweltschutz unternimmt.

Ü15
Und Sie? Haben Sie einige Ihrer Gewohnheiten der Umwelt zuliebe geändert? Wenn ja, welche und warum? Wenn nein, warum nicht?

Lösungen

L1

Ü1 1 ~~la vallée~~ → l'océan – 2 ~~les Landes~~ → le Massif central – 3 ~~le Gabon~~ → la Provence – 4 la dune → la randonnée – 5 ~~la Martinique~~ → le Congo

Ü2 ALO**PRÉTENTIEUX**RSAOT**IMPOSANT**ORU**PAISIBLE**TCBAUV**VIVANT**ABONE**COSMOPOLITE**LELI**PRÉCÉDENT**UBO**COLLECTIF**NEMNE**ROMAN**TU
→ 2 paisible – 3 vivant/e – 4 cosmopolite – 5 collectif/-ve – 6 roman/e – 7 imposant/e – 8 précédent/e

Ü3 **richtig**: 3; 4
1 choucroutes → en Alsace – 2 cassoulet → Languedoc – 5 couscous → Maroc – 6 réponse ouverte

Ü4 1e – 2c – 3d – 4a – 5b – 6 réponse ouverte

Ü5 1 C'est une femme dont le mari est mort. → veuve – 2 C'est un poète dont les Français sont fiers. → Hugo – 3 C'est l'homme dont je suis le petit-fils. → grand-père – 4 L'île dont je parle est située près de l'Italie. → Corse – 5 C'est le pays dont Bern est la capitale. → Suisse

Ü6 1h – 2f – 3a – 4g – 5d – 6b – 7c – 8e

Ü7 2 centaine d'euros – 3 une vingtaine de km – 4 environ 90 personnes – 5 une dizaine de jours – 6 une douzaine d'huîtres

Ü8 1 ~~cinéma~~ → livres – 2 ~~les Anglais~~ → le cinéma – 3 ~~livres~~ → étrangers – 4 ~~espaces fermés~~ → Anglais – 5 ~~la lumière~~ → les espaces fermés – 6 ~~les étrangers~~ → la lumière

Ü9 1ab – 2ac – 3ac – 4ab

Ü10 1 a refusé – 2 facultative – 3 polyglotte – 4 nulle part

Ü11 le/la fondateur/-trice – l'effectif *m* – alimentaire – la fabrication – le local/les locaux – le stockage – la dégustation

Ü12 1f – 2b – 3e – 4h – 5g – 6d – 7c – 8a

Ü13 a 1 dans le Massif central, au centre de la France – 2 quatre départements – 3 plus de 200 volcans – 4 les touristes amateurs de vacances sportives ou thermales – 5 Ø – 6 célèbre chef gaulois – 7 Ø
b 5 Relativpronomen: qui (se trouve) – qui (ne sont plus actifs) – dont (les plus célèbres) – que (les touristes) – dont (Astérix)

Ü14 (ouvert)

L2

Ü1 1 dans l'air du temps – 2 la peine – 3 en pratique – 4 de mode – 5 coupable – 6 l'équilibre

Ü2 1 ne plus marcher – 2 être en mauvaise santé – 3 aimer – 4 être déçu – 5 arriver au bon moment – 6 rencontrer – 7 perdre connaissance

Ü3 2 C'est demain que nous partons... – 3 C'est notre fils qui s'occupe... – 4 C'est en Provence qu'il habite... – 5 Cette couleur va avec tout – 6 C'est vous qui avez téléphoné...

Ü4 2 inscrire – 3 surprendre – 4 étonner – 5 colorer – 6 repasser – 7 installer – 8 peindre – 9 initier – 10 couper

Ü5 1 traurig – 2 bedauernswert – 3 bedeutend – 4 merkwürdig – 5 lustig – 6 ehemalig

Ü6 2 n'allait pas mieux demain, Anne n'irait pas travailler. – 3 Tu me préviendrais si tu changeais d'avis ? – 4 Si nous déménagions, tu pourrais prendre notre appartement.

Ü7 2b – 3a – 4a – 5b – 6a

Ü8 2 aquatique – 3 estivales – 4 balnéaire – 5 solitaire – 6 mensuelle – 7 natation – 8 maternelle

Ü9 **positif** : 2 le plaisir – 3 die Zufriedenheit – 4 la confiance – 5 la joie
négatif : 1 la haine – 2 der Neid – 3 l'insatisfaction – 4 la colère – 5 der Frust

Ü10 1 l'université – 2 l'école maternelle – 3 collège – 4 au lycée – 5 l'université populaire – 6 l'école primaire

Lösungen

Ü11 1 DRH – 2 traducteur – 3 architecte – 4 chef de service – 5 psychologue – 6 (ouvert)

Ü12 1 des États-Unis – 2 on ne peut ni vendre ni acheter – 3 partout – 4 non : on ne peut pas proposer des objets trop vieux / trop usés – 5 conviviale / un troc de bonne humeur

Ü13 (ouvert)

L3

Ü1 1c – 2e – 3g – 4b – 5d – 6h – 7a – 8f

Ü2 1 régulièrement – 2 constamment – 3 actuellement – 4 dangereusement – 5 difficilement – 6 apparemment

Ü3 2 = ne pas interdire – 3 ≠ enlever – 4 ≠ être satisfait – 5 ≠ rester enfermé – 6 = se sentir bien – 7 ≠ être difficile – 8 ≠ s'énerver – 9 ≠ en grande quantité – 10 = faire des courses

Ü4 2 ~~banlieusard~~ → soixante-huitard – 3 ~~vieillard~~ → routard – 4 ~~motard~~ → pantouflard – 5 ~~montagnard~~ → vieillard – 6 ~~pantouflard~~ → motard – 7 ~~soixante-huitard~~ → banlieusard

Ü5 1 l'âme – 2 la raison – 3 l'agriculteur – 4 la pêche à la ligne – 5 la colline – 6 pauvre – 7 au contraire – 8 l'espace

Ü6 1b – 2a – 3a – 4a – 5b – 6b – 7b – 8a

Ü7 a 2 celles-ci – 3 ceux-ci – 4 celle-ci – 5 celui-ci – 6 celle-ci
b 2 Cette chambre, c'est celle des enfants. – 3 Un grand merci à ceux qui ont aidé à organiser cette soirée. – 4 Ma fille, c'est celle qui est en bas à gauche… – 5 Ces clés, ce sont celles de la cave. – 6 Ce film, c'est celui dont je t'ai parlé hier.

Ü8 1 d'achat – 2 de vie – 3 d'emplois – 4 de la livre – 5 secondaire

Ü9 1 habitants – 2 citoyens – 3 bourgeois – 4 bobo

Ü10 1 traduire – 2 comptable – 3 danser, danseur/-euse – 4 correction – 5 lecture, lecteur/-trice – 6 couture, coudre – 7 chanter, chanteur/-euse – 8 direction, directeur/-trice – 9 (ouvert)

Ü11 1 – 2 – 4 – 7 – 9

Ü12 (ouvert)

L4

Ü1 1e – 2d – 3f – 4a – 5c – 6b

Ü2 passé : autrefois – il y a trois ans
présent : aujourd'hui – en ce moment – maintenant
futur : après-demain – bientôt – dans une minute

Ü3 1 après – 2 dans – 3 il y a – 4 pendant – 5 Ça fait – 6 en, Avant – 7 Ø – 8 depuis

Ü4 ☺ la libération sexuelle – le plein emploi – l'augmentation de salaire – une retraite confortable – la chute du mur
☹ une situation précaire – un avenir incertain – la crise économique – le chômage – les caisses de retraite vides

Ü5 2 confortable, unbequem – 3 indépendant, unabhängig – 4 inattendu, unerwartet – 5 discret – 6 impossible, unmöglich – 7 inintéressant, uninteressant – 8 imparfait

Ü6 2 aborder – 3 la fréquentation – 4 le sujet – 5 la difficulté – 6 privilégié – 7 demeurer – 8 tabou

Ü7 1 (Er ist mit dem linken Fuß aufgestanden.) – 2 Il a pris du ventre. (Er hat einen Bauch bekommen.) – 3 Il a un verre dans le nez. (Er hat zu tief ins Glas geschaut.) – 4 Il a la main verte. (Er hat einen grünen Daumen.) – 5 Elle est toujours sur son dos. (Sie sitzt ihr ständig im Nacken.) – 6 Il est dur d'oreille. (Er ist schwerhörig.)

Ü8 1e – 2c – 3d – 4a – 5b

Ü9 a Indikativ Präsens : il vient – elle regarde – vous écoutez – tu manges – nous regardons – tu attends

Subjonctif présent : tu prennes – vous veniez – elle regarde – nous parlions – tu manges – je finisse
b 1 faire – 2 être – 3 savoir – 4 avoir – 5 pouvoir

Ü10 a je veux que – j'aimerais que – il faut que – je souhaite que – je ne veux pas que – je voudrais que
b 1 tu regardes – 2 vous leviez – 3 soyez – 4 dises – 5 finissions – 6 attende

Ü11 2 tisser des liens – 3 faire des économies – 4 vivre en colocation – 5 partager un appartement – 6 rendre plus facile – 7 agrémenter le quotidien

Ü12 2 l'action – 3 obtenir – 4 la direction – 5 louer – 6 recevoir

Ü13 1d – 2c – 3b – 4e – 5a

Ü14 1 aller voir – 2 avez... visité – 3 va voir – 4 visiter

Ü15 a une vieille dame – Elle coud – un ordinateur – leurs petits-enfants – ils s'occupent – leurs parents – d'autres plaisirs – en bonne santé – une retraite confortable – les arrière-grands-parents
b 1 vrai – 2 faux – 3 faux – 4 vrai

Ü16 (ouvert)

L5

Ü1 Horizontalement : 4 armée – 5 argent – 8 ambulance – 9 bourgeoisie – 10 humaine
Verticalement : 1 scénario – 2 déroulement – 3 incident – 6 tomber – 7 paraître

Ü2 1 promotionnelle – 2 discount – 3 affaire – 4 marchande – 5 surface – 6 automatique

Ü3 1b – 2b – 3a – 4a – 5b

Ü4 1 (Er liest immer seine Post beim Mittagessen.) 2 ... en relisant l'exercice (Ich habe drei Fehler gefunden beim nochmaligen Lesen der Übung.) – 3 ... en dormant (Kann man im Schlaf lernen?) – 4 En tombant, je ne me suis pas fait mal. (Beim Fallen habe ich mir nicht weh getan.) – 5 ... en descendant du train (Ich habe beim Aussteigen aus dem Zug meine Schlüssel verloren.) – 6 En prenant ce chemin, ... (Wenn Sie diesen Weg nehmen, werden Sie schneller ankommen.)

Ü5 2 de l'herbe – 3 des fruits – 4 de tout – 5 des insectes – 6 la télé

Ü6 1 rester en bonne santé – 2 des produits bio sains – 3 Je suis en bonne santé. – 4 une alimentation saine

Ü7 (Solutions possibles)
aujourd'hui : J'ai plus de cheveux blancs. – J'achète moins de livres. – Je mange plus de produits bio. – J'ai autant de problèmes qu'autrefois., etc.
autrefois : Je mangeais plus de produits prêts à consommer. – J'avais moins d'argent. – J'avais autant de vacances. – Je mangeais moins de viande. – J'avais autant de livres., etc.

Ü8 1c – 2d – 3a – 4e – 5f – 6b – 7h – 8g

Ü9 a 2 livre – 3 poste – 4 moule – 5 tour – 6 somme
b 2 le livre, la livre – 3 le poste, la poste – 4 le moule, la moule – 5 la tour, le tour – 6 le somme, la somme

Ü10 ingrédients : l'ail – la courgette – l'avocat
ustensiles : la poêle – le moule – le four
verbes : couper – éplucher – faire cuire

Ü11 1 sac à dos – 2 bouteille thermos – 3 moulin à légumes – 4 digicode – 5 boîte de conserves – 6 poubelle

Ü12 1 facture / ticket de caisse – 2 le service après-vente – 3 prêter – 4 un trou – 5 l'échanger

Ü13 1 Êtes-vous pour ou contre l'ouverture des magasins le dimanche ? – 2 Le contre – 3 Anna

Ü14 (ouvert)

Lösungen

L6

Ü1 affinité ☺ – rivalité ☹ – intimité ☺ – jalousie ☹ – honte ☹ – courage ☺ – dispute ☹ – misère ☹ – vice ☹

Ü2 OSOMMÉCHANTGUHYPOCRITELUFAN
TAISISTEVEMPROVISOIREBATNIESSENTIEL
OESBPRÉCIEUXINPREGRETTABLEUX

1 méchant – 2 fantaisiste – 3 hypocrite – 4 provisoire – 5 regrettable – 6 essentiel – 7 précieux
allemand : 2 originell – 3 ehrlich – 4 endgültig – 5 erfreulich – 7 normal / durchschnittlich

Ü3 a 2 = – 3 = – 4 ≠ – 5 = – 6 = – 7 = – 8 ≠
b *subjonctif* : 1 Je trouve dommage que... / Je trouve regrettable que... – 3 J'aimerais que... / Je souhaite que... – 4 Il faut que... / Il vaut mieux que... – 6 J'ai peur que... / Je crains que... – 7 Je ne suis pas sûr que... / Je doute que... – 8 Il est normal que...

Ü4 1 C'est – 2 est-ce – 3 il est – 4 Ça a neigé – 5 C'est – 6 C'était – 7 C'est – 8 Il est

Ü5 1 démonter (auseinanderbauen) – 3 défaire (auspacken) – 4 découvrir (*hier:* abdecken) – 5 déplaire – 6 débrancher (ausschalten)

Ü6 1 se marier – 2 avoir – 3 porter – 4 s'aimer – 5 boire – 6 détourner – 7 être fou – 8 se séparer – 9 se remettre – 10 tomber – 11 condamné à

Ü7 1 énervée → handicapée – 2 chercheur → bénévole – 3 un voyage → un don – 4 diminue → augmente – 5 la recherche → la souffrance

Ü8 1 die Sensibilität – 2 die Finanzierung – 3 der Scheck – 4 Diabetes – 5 adoptieren – 6 isoliert

Ü9 a à : s'habituer – contribuer – échapper – réfléchir – participer
de : avoir besoin – se souvenir – avoir envie – s'occuper – entendre parler
b 2 je m'en sers → (de la) voiture – 3 j'en ai entendu parler → (des) restos du cœur – 4 je ne m'y intéresse pas → (à la) politique – 5 je n'y ai pas participé → (à la) réunion – 6 j'en ai besoin → (de) lunettes

Ü10 1 une hôtesse de caisse – 2 un demandeur d'emploi – 3 une personne à mobilité réduite – 4 les séniors – 5 un technicien de surface – 6 les personnes défavorisées – 7 un accompagnateur de train

Ü11 2 encourager / décourager – 3 féliciter / blâmer – 4 gêner / mettre à l'aise – 5 supporter / résister – 6 circuler / être bloqué

Ü12 1b – 2a – 3b – 4a – 5b – 6b

Ü13 1 Les collègues au travail : cela peut être un cauchemar – 2 On choisit ses amis, pas ses collègues – 3 L'entente entre collègues : un élément essentiel du bien-être au travail

Ü14 (ouvert)

L7

Ü1 2 un antivol – 3 un étui – 4 une corbeille à papier – 5 une télécommande

Ü2 1 ... ont été volés cette nuit – 2 ... est peu utilisé en français – 3 ... a ouvert la lettre – 4 ... n'ai pas été invité par les voisins – 5 ... sont fabriquées en Suisse – 6 Les enfants ont mangé tous les gâteaux – 7 Les chemises ont été repassées

Ü3 Horizontalement : 3 poisson – 4 serpent – 7 perruche – 9 coq – 10 tortue
Verticalement : 1 mygale – 2 lion – 5 perroquet – 6 âne – 8 cheval
Lösungswort : CAMÉLÉON

Ü4 2 Urlaub machen – 3 Abi machen – 4 Bauchschmerzen machen – 5 Arbeit machen – 6 sich fertig machen

Ü5 2 ce qu' – 3 ce qui – 4 ce que – 5 Ce qui – 6 ce que, ce que

Ü6 1 Frosch (grenouille) – 2 Hund (chien) – 3 Bär (ours) – 4 Schnecke (escargot) – 5 Hase (lièvre) – 6 Gans (oie)

Ü7 2e – 3b – 4g – 5f – 6a – 7c

Lösungen

Ü8 1 cesser – 2 s'accroître – 3 emporter – 4 enregistrer – 5 redouter – 6 être pris – 7 se douter de

Ü9 2 ludique – 3 ravi – 4 ratée – 5 débile – 6 hivernales

Ü10 1c (pigé) – 2f (crevé) – 3g (bordel) – 4a (apéro) – 5b (balades) – 6d (piqué) – 7e (râle)

Ü11
Mail:
Bonjour,
Suite à votre demande, je vous envoie en pièce jointe une documentation détaillée sur nos différentes activités.
Vous pouvez me contacter si vous avez des questions.
En vous souhaitant bonne lecture.
Cordialement

Ü12 (ouvert)

Ü13 (ouvert)

L8

Ü1 1 Après deux mariages ratés, j'ai enfin trouvé l'homme de ma vie. – 2 Depuis le début de l'année j'ai une grippe qui ne s'en va pas. ☹ – 3 D'après les dernières statistiques, les Français sont de plus en plus pessimistes. ☹ – 4 J'ai réussi tous mes examens et je suis aux anges. ☺

Ü2 1 DÉ- – 2 -ME – 3 TEM- – 4 -VA- – 5 -NON- – 6 -DIE – 7 -GÂT

Ü3 2 fem (aber: le squelette) – 3 fem (aber: le silence) – 4 fem (aber: le musée) – 5 masc (aber: la peau) – 6 fem (aber: le comité)

Ü4 1h – 2d – 3f – 4g – 5a – 6b – 7c – 8e
Info
1 les Pyrénées – 3 le Jura – 4 le Massif central – 5 les Vosges

Ü5 2 prévu – 3 la circulation – 4 le véhicule de secours – 5 pour l'heure – 6 sembler – 7 toutefois – 8 les dégâts – 9 la consigne – 10 l'altitude – 11 le risque – 12 important

Ü6 2 elle était arrivée – 3 j'avais oublié – 4 s'étaient levés – 5 avions... dîné – 6 avait offert / avait (déjà) lu

Ü7 2? – 3! – 4? – 5! – 6? – 7! – 8? – 9?

Ü8 2 si vous avez des nouvelles de Léa – 3 pourquoi vous n'avez pas téléphoné – 4 ce que tu fais demain – 5 Où étais-tu hier soir ? – 6 (Est-ce que) Pierre est là ? / Pierre est-il là ?

Ü9 Un jour, le rat de ville <u>invita</u> le rat des champs (...) Le rat des champs <u>arriva</u> à l'heure (...) les deux amis <u>passèrent</u> à table (...) il y <u>eut</u> un bruit bizarre, les deux rats, paniqués, <u>prirent</u> la fuite. Le calme <u>revint</u> et le rat de ville <u>proposa</u> de terminer le repas, mais le rat des champs <u>refusa</u> (...) il <u>invita</u> son ami à venir dîner chez lui le dimanche suivant.

Ü10 2c ☺ – 3e ☹ – 4g ☹ – 5a ☺ – 6b ☹ – 7d ☺

Ü11 1d – 2a – 3e – 4b – 5c

Ü12 1 LE CALME RETROUVÉ – 2 LES JOIES DE LA FAMILLE – 3 UN QUOTIDIEN PLUS LÉGER
übrig: ENFIN RICHE !

Ü13 (ouvert)

L9

Ü1 1d – 2e – 3a – 4b – 5c

Ü2 2 le nuage – 3 la catastrophe – 4 le développement – 5 l'appauvrissement – la pollution – 7 le réchauffement

Ü3 1 Les déchets nucléaires – 2 les espèces en voie de disparition – 3 la marée noire – 4 les ressources naturelles – 5 La biodiversité – 6 Le réchauffement climatique – 7 Le développement durable

Ü4 1 ~~basse~~ noire – 2 ~~refroidissement~~ réchauffement – 3 ~~très visibles~~ invisibles – 4 ~~risque~~ remède – 5 ~~provisoire~~ durable

Ü5 2 s'asseoir – 3 durer – 4 grossir – 5 boire – 6 conduire – 7 voler – 8 faire

Lösungen

1 Sie haben sich nach dir erkundigt. – 2 Nehmen Sie (doch) bitte Platz. – 3 Diese Arbeit hat mich 3 Stunden gekostet. – 4 Ich möchte nicht zunehmen. – 5 Wollen wir zusammen etwas trinken (gehen)? – 6 Er sollte sich nicht ans Steuer setzen. – 7 Man hat mir mein Fahrrad geklaut. – 8 Wie machen / schaffen Sie das?

Ü6 2 ~~viennes~~ – 3 ~~fasse~~ – 4 fait – 5 ~~suis~~ – 6 est – 7 ~~aies~~ – 8 ~~donnez~~ – 9 ~~pouvons~~ – 10 ~~soit~~

Ü7 2 apéro / l'apéritif – 3 labo / le laboratoire – 4 écolo / l'écologiste – 5 frigo / le frigidaire / réfrigérateur – 6 bio / biologique – 7 infos / les informations

Ü8 1 la croisière – 2 le slow tourisme – 3 le tour du monde – 4 l'aventure

Ü9 1a – 2b – 3a – 4b – 5b

Ü10 1b – 2a – 3b – 4a – 5b

Ü11 1g – 2d – 3e – 4h – 5a – 6c – 7b – 8f

Ü12 1 le vélo-bus – 2 le développement durable – 3 l'activité sportive – 4 le moyen de transport – 5 le porte-bagages – 6 la sculpture sur bois – 7 le temps libre – 8 le portefeuille

Ü13 1 à l'attention de – 2 Objet – 3 Monsieur – 4 courrier / lettre – 5 produits / articles – 6 information – 7 d'agréer / d'accepter – 8 salutations – 9 Ø

Ü14 a und b Élodie est une écolo pur jus : tous ses gestes, au quotidien, sont dictés par le souci de l'environnement. Par exemple, elle se déplace presque toujours à vélo ou en train. Elle vient de vendre sa voiture. Chez Élodie, il ne fait jamais chaud, le chauffage est réglé sur 17 degrés : elle adore les gros pulls en laine. Elle ne prend plus de bains, bien sûr. Elle dit que pour être propre, la douche, c'est suffisant. Ça fait déjà deux ans qu'elle ne mange plus de viande. Sa dernière idée : consommer des produits de la région. Eh oui, Élodie envisage de devenir locavore. Adieu bananes, ananas, avocats...
Élodie suit la règle des 4 R : recycler, réparer, réduire et réutiliser. Mais il y a une chose à laquelle elle ne renonce pas : les voyages lointains. Le prix des vols a tellement baissé ! Alors, chaque année, Élodie s'offre un grand voyage. C'est le seul moment de l'année où elle ne pense pas à l'environnement.

Ü15 (ouvert)